曾仕强 著

人性的弱点

全集·全新

北京大学出版社
PEKING UNIVERSITY PRESS

图书在版编目（CIP）数据

人性的弱点：全集·全新 / 曾仕强著. -- 北京：北京大学出版社, 2025.8. -- ISBN 978-7-301-36513-7

Ⅰ.C912.11-49

中国国家版本馆CIP数据核字第2025NS3677号

书　　　名	人性的弱点：全集·全新 RENXING DE RUODIAN: QUANJI·QUANXIN
著作责任者	曾仕强　著
责 任 编 辑	滕柏文
标 准 书 号	ISBN 978-7-301-36513-7
出 版 发 行	北京大学出版社
地　　　址	北京市海淀区成府路205号　100871
网　　　址	http://www.pup.cn　　新浪微博：@北京大学出版社
电 子 邮 箱	编辑部 pup7@pup.cn　总编室 zpup@pup.cn
电　　　话	邮购部 010-62752015　发行部 010-62750672　编辑部 010-62570390
印 刷 者	涿州市星河印刷有限公司
经 销 者	新华书店 880毫米×1230毫米　16开本　13.25印张　160千字 2025年8月第1版　2025年8月第1次印刷
印　　　数	1-6000册
定　　　价	99.00 元

未经许可，不得以任何方式复制或抄袭本书之部分或全部内容。
版权所有，侵权必究
举报电话：010-62752024　电子邮箱：fd@pup.cn
图书如有印装质量问题，请与出版部联系。电话：010-62756370

前言

人性与习惯并不相同

人性与习惯,我们不仅需要明确区分,还需要分别了解清楚。人的习惯,并不能代表人性。比如,很多人喜欢讨价还价,这仅是一种习惯,而非人性。如果有一天,大家不喜欢讨价还价这种行为了,就不会讨价还价了。

见面的形式,无论是握手、拥抱,还是亲吻,都只能算是习惯,与人性无关。比如,人和人见面时要不要向对方微笑?有什么方法可以让别人立刻喜欢上自己?到底是说"请将……"更好,还是使用激将法更有效?这些都不是人性问题。

人类的习惯具有区域性特点。不同地区,由于风土人情有差异,会分别形成各自约定俗成的习惯,各有特色。

那么,什么才是人性呢?

怕死、贪生是人性，因为不管种族、肤色、语言、文字、居住环境有多大的不同，提到死，大家都会感到相当害怕。当然，有时候，某些人会视死如归，那属于舍生取义，是在满足一定的条件时出现的，并非人人、时时能做到。

一般情况下，我们把人类共同的本性当作人性。

虽然人性是相近的，但是不同的人面对相同的情况采取的策略并不相同，以致养成的习惯也不相同，有时甚至相去甚远。

人性的弱点，说起来，最重要的只有一个，那就是人人都要求生存。

人人都要求生存，因此，大家的弱点相近，只不过求生存的方式不一样，各自的习惯相去甚远。

以求生存这个弱点为原点，逐渐衍生出怕死、贪生、只顾自己。

顾自己顾到一定程度，就成为自私。

如果说求生存是人性的第一个弱点，那么，自私便是人性的第二个弱点。自私的表现以贪利、贪名为代表，贪利、贪名的结果，大多为贪图享受。

贪图享受到一定程度，就会过于追求个人的快乐，因此，求快乐成为人性的第三个弱点。求快乐以刺激、争夺和征占为典型表现，导致各种明争暗斗的花样层出不穷，令人苦恼不堪。

人性的弱点并不等于人性的缺点，因为求生存、自私和求快乐是人类进步的原动力。几乎所有企图心都建立在求生存、自私和求快乐的基础上，可以说，只要确保在合理的范围内，求生存、自私和求快乐不仅没有坏处，还有好处。

接受人性的弱点，若是策略正确，弱点会成为优点。

策略的选择和应用非常重要。对于人性的弱点，我们一方面主张不要存心加以利用，以免造成害人的后果，同时害了自己；另一方面主张不要完全防备别人借助我们的弱点与我们相处，以免丧失机会，永远建立不了所需要的各种关系。

研究人性的弱点，主要目的在于明辨应对的策略，将弱点运用到合理的程度，以求化弱点为优点，助己助人。

人性是天生的，彼此相近；习惯是后天养成的，各不相同。

自古以来，一切都在变，唯有人性不变。人们用不变的人性适应不断变化的内部、外部环境，采取不同的策略，表现出不同的行为，进而形成有差异的习惯。

习惯，为适应人性的弱点而形成。

弱点，既可以成为优点，又可能成为缺点——好习惯使弱点成为优点，坏习惯使弱点成为缺点。

采取何种策略、养成什么习惯，都是人的问题。人性的弱点，从根本上说，不是问题。

对人性的弱点，要接受、适应、运用，不可控制、利用。这样对他人有利，对自己也有好处。

很多人关心人性的弱点，是希望通过对人性进行了解、掌握，实现预期的目标，最大化自己可能获得的利益。相关行为是人性中求生存、自私、求快乐等弱点的表现，无可厚非，重要的是如何了解、掌握人性，怎样运用人性的弱点，采取什么方式评估人性的弱点，这会因各人的习惯不同而有差异。

求生存是人性，常用来求生存的方法是习惯。有的人好吃懒做，有的人勤奋积极，这是习惯不同，而非人性互异。因此，说好逸恶劳是人类的本性是错误的——好逸恶劳只是部分人的习惯，有的人如此，有的人则不然，生活中勤于劳作、近乎工作狂的人并不罕见。

自古以来，一切都在变，只有人性不变。很多人常说"现代社会，人性变了"，殊不知改变的是习惯，并不是人性。

习惯从哪里来？既然人性不变，为了以不变应万变，我们必须采取不同的策略，以适应环境的变化、满足人性的需要。采取不同的策略时表现出来的行为，久而久之就形成了习惯。因为不同的人面对同样的情况采取的策略不同，所以不同的人有不同的习惯。

例如，求生存是人性，几乎人人求生存，没有不同，但是不同的人为了求生存采取的策略差异很大：有人以隐藏实力来求生存，认为含蓄很重要，有所保留是谦虚的表现，不可锋芒毕露，以免引起他人的不悦，为自己的生存制造压力；有人则以高调作秀来求生存，认为积极表现才能吸引他人的注意力，以攻为守对自己比较有利。

以隐藏实力为生存策略的人会逐渐养成忍耐的习惯，能忍常人所不能忍、耐常人所不能耐；以高调作秀为生存策略的人则会逐渐养成招招出击的习惯，到处寻找表现自己的机会。在此基础上，隐藏实力和高调作秀均有不同的方法，能变化出很多花样、探索出五花八门的生存之道。

正所谓"人上一百，形形色色"，习惯不同，人与社会不仅会多元化，还会复杂化。

人性的弱点是人潜在的欲望

前文提及，最基本的人性的弱点是求生存，求生存逐渐发展成只顾自己，不顾他人，便成为自私，自私表现为贪利、贪名、贪图享受，会逐步进入求快乐的层次。

求生存、自私、求快乐，这3个人性弱点均包含3个向度。

求生存表现为怕死、贪生、只顾自己，人类由此具有很多与生俱来的易被攻击的弱点。

自私表现为贪利、贪名、贪图享受。有多少人为求名利而努力奋进，又有多少人为求名利而伤害他人？因习惯不同，同样有自私这一人性的弱点，部分人不论贫富都能随遇而安，开开心心、快快乐乐地过一生；部分人则贫有贫的痛苦，整日怨天尤人，富有富的紧张，徒然成为不快乐的富翁。

求快乐表现为刺激、争夺、征占，同样，不同的人因习惯不同而行为各异。

人性的弱点本身不是问题，而是人潜在的欲望。人性的弱点是会成为优点还是会成为缺点，与策略有关，是人的问题。换句话说，所有人都有权决定自己采取哪些策略，是让弱点成为优点还是让弱点成为缺点。

乍一看，人类求生存，就免不了怕死、贪生。

我们不妨虚拟一个情境：假设所有人都不贪生，抱着能活多久就活多久的心态生活，同时，所有人都不怕死，认为死后数年又会成为一个好汉。请问，社会会安宁吗？人类会幸福吗？

恐怕会天天有人自杀、时时有人杀人，以致人人不得安宁，社会乱糟糟，谈不上快乐和幸福吧！

由此可见，不怕死、不贪生不是理想的社会状态，不是我们追求的目标。

然而，怕死、贪生也不见得利无弊，如今社会上的许多问题，实际上是怕死、贪生造成的。

社会老龄化现象与怕死、贪生关系密切。

怕死、贪生的结果是大家活得都久，而大家活得都久的结果之一是老人不可避免地越来越多。古语有云："人生七十古来稀。"如今忽然变成"人生七十才开始"。问题是怎么出现的？这会制造社会问题、形成问题社会吗？

老人可能是"宝"，也可能是"贼"。这两种情况，孔子都提到过。

"家有一老，如有一宝"说的是经验丰富、思虑周到、修养良好、凡事拿捏得恰到好处的老年人。遇有晚辈请教，能够耐心指导、诚恳相待，这样的老年人当然是非常宝贵的导师。"老就是宝"，特指这些老年人。

此外，还有些老年人对应的是孔子说的"老而不死是为贼"——把自己的子女送到国外发展，自己留在国内到处制造社会问题，为国内的年轻人添各种各样的麻烦，最后要求子女之外的年轻人为其送终，这不是"贼"，又是什么呢？

很多老年人嘴上说得好听，说自己这么做是为了不连累子女，但实际上，自己无法独立生活，势必要依赖他人。这种怕死、贪生，是只顾自己，丝毫不考虑他人的怕死、贪生。

总之，要怕死、贪生，必须有靠得住的子女，否则，最好不要怕死、贪生，以免连累外人。换句话说，老年人怕死、贪生没问题，但最好有老本、老伴和老友，以及"老宝"的修养，这样就不怕不受欢迎，想活多久都可以放心地活下去。

自私是怕死、贪生的必然结果。怕个人的快速死亡，贪自己的长久生存，这都有自私的成分，不容否认。

从现象上分析，自私的对象离不开名和利——求个人的名分，贪自己的利益。名利心越重，自私的心理就越重，有时，甚至会重到忘记了名和利到头来不过是一场空。

他人的名和利与自己无关，可以不关心，而自己的名和利，只要有一口气在，就有欲念和需求。绝大部分人，终身难以摆脱名和利的纠缠。

追求名和利可以成为上进、奋发图强的原动力，以及积极求取进步的驱策力。如果乐于把追求的成果与大众分享，追求名和利的行为就不致遭受严苛的怨责；在出名、获利之后，把成果留下来私自享受，才会引起大众的不满。

很多人把贫富悬殊视为社会不安定的根源，似乎富有的人必须接受贫穷的人的挑战，非把财富重新分配不可。这种看法是不现实的，有名有利的时候，如果享受不到名和利的好处，岂不证明名和利果然是空的？在这种情况下，还有多少人会积极地追求名和利？大家都视名和利如粪土，世界上还会有怎样的名和利？活在这样的社会中，人们会觉得快乐吗？

视名和利如粪土，毫不争取名和利，这也是不现实的——生活资源是有限的，若不积极争取，说不定分到自己身上已经所剩无几，甚至空空如也了。

事实上，追求名和利是辛苦、艰难的事情，大家原本都是为了保障自己的生活而努力，只是后来享受到了名和利的好处，部分人才开始以追求名和利为快乐之源，转而享受追求名和利的乐趣。

名和利难求，因此很多不求名也不求利的人转而追求新奇的刺激。类似行为的本质是相同的，即求快乐。

生活中，我常看到类似的现象——

发型师问顾客："您要染发吗？染什么颜色的头发？"
顾客说："随便什么颜色，越奇怪越好。"

这样做的人，刚开始确实能获得很多人的关注，其"引人注目"的欲望能够得到满足。渐渐地，随着标新立异的人越来越多，很可能不管染什么颜色的头发都很难引起他人的关注了。在这种情况下，我曾见有些很不快乐的年轻人干脆剃个光头，想试试能不能带来一些快乐。

年长者对年轻人说："这种无聊的广告，你们怎么看得这么起劲？"
年轻人回答道："拜托！这种广告本来就不是播给你们这个年龄的人看的，它是为我们制作的！"

相关广告是有趣还是无聊，是有害还是无害，不同的人判断的标准是不一致的。所有人都在做自己认为能够获得快乐的事情，这就是出现类似现象的本质。

针对不同的需求，为不同的人提供其想得到的不同的刺激，这种生产、营销方法叫作市场区隔。市场区隔的本质，即针对人们各有所好、各取所需的情况进行生产、营销，进而获取利润。若不讲究市场区隔，给予大家同样的刺激，所有刺激都可能变得单调、乏味、无聊，很难让人获得快乐。

刺激的来源有限，势必引起争夺。随着争夺的加剧，大家逐渐不满足于享受争夺的刺激，于是不仅参与争夺，还努力把争夺来的刺激长期保留在自己身边，占为己有，这是人之常情。

求生存、自私、求快乐，细细分析起来，都没有问题。它们之所以成为人性的弱点，主要是人本身有问题，使得没有问题的人性引发严重的问题。

人的问题在于思维两极化

人的问题在哪里？在思维方面。

人的思维经常两极化，不是极度向东，就是极度向西，以致因趋于极端而无法保持合理的中道。

过与不及都会使求生存、自私、求快乐因走上偏道而有所不妥，因此，控制自己不要过与不及是每个人努力的正道。

媒体发达之前，大家眼不见、心宁静，各自安于自己的生活，倒也心满意足、无所怨尤。媒体发达之后，资讯传播迅速、快捷，很多资讯不由得人不看，而获得太多的资讯后，人们难免会比来比去，看到自己占便宜的地方，认为理应如此；看到自己吃亏的地方，则认为情理难容，于是，心绪不宁、情绪不定。

人类推动了媒体的发展，媒体却专门攻击人性的弱点。

为了生存、竞争，媒体也在采取若干策略，努力满足人们求生存、自私、求快乐的需求，导致如今的人类对媒体管制也不是，开放也不是，似乎已经无可奈何。

现代人的人性弱点被媒体渲染、强化、运用到了极致，例如，媒体经常打着"人们有知道的权利"的招牌，威胁、诱导人们参加各种好的、坏的活动。

人生是人性的弱点的攻防战

人性的弱点是不可消除的，媒体的持续发展是理所当然的，在这种情况下，我们能做的唯有采取因应策略，随时空变迁进行合理的调整。

一方面，我们要谨防他人攻击我们的人性弱点；另一方面，我们不得不设法去攻击他人的人性弱点。

从这种角度看，人生简直是人性的弱点的攻防战——随时随地在攻击，随时随地在防备。

正所谓"害人之心不可有，防人之心不可无"，攻击时，我们不应存有害人之心，而防备时，我们应提高警觉。

针对人性的弱点，不管是攻击还是防备，我们最好带着接受、适应、运用的心态，不要存有控制、利用的念头，因为动机纯正才能获得良好的效果。

例如，"妻子苦心优化独特的烹调口味，以求控制丈夫（的心）"，听起来就令人不适，容易让身边人产生反感；换成"妻子苦心优化独特的烹调口味，以求满足丈夫爱好、享受美食的欲望"，听感截然不同，会令人感觉亲切、美好、有人情味。

动机纯正与否，完全是个人问题，与他人无关。例如，含蓄、隐藏等行为的动机，究竟是减少他人的不悦，还是暗求奸计得逞？如人饮水，冷暖自知。

"尊重人性的弱点，适当地攻击或防备，以求获得合理的效果"，基于这样的念头，称得上是动机纯正。

鄙视人性的弱点，认为应该攻其不备，是乘人之危的不道德的想法。待人接物时经常以小人之心度君子之腹，时刻防备，把人性丑恶化，是动机不纯正的表现。

研究人性的弱点，旨在正己正人，让自己快乐、他人愉快，这样才具有正面的、积极的意义。若心存不轨，盼望了解、掌握人性，据此攻他人于不备，实现谋取私利的目标，那大可不必，因为就算成功，也无长久价值。

凡事从根本入手，容易彻底明了，而且易学易用。接下来，我们一起详细了解人性的弱点。

目录

第一章 所有人都逃不开的人性弱点

- 人类有思想就会有弱点 003
- 求生存：活着才是硬道理 010
- 自私：人不为己，天诛地灭 016
- 求快乐：人人向往快意人生 022

第二章 人类何以有弱点

- 生命有限而求长生 034
- 物质有限而谋利益 037
- 本能需求而逐快乐 041
- 因为有理想，所以有弱点 046

第三章 对弱点的攻击贯穿人类历史

- 神权时代,利用神鬼让人敬畏 055
- 君权时代,利用纪律让人服从 058
- 民权时代,利用观念限制自由 062
- 网络时代,利用媒体渲染弱点 073

第四章 向错走,弱点会成为缺点

- 有钱时想自己,无钱时想他人 106
- 得意时爱炫耀,失意时常诉苦 108
- 位尊时耻闻过,位卑时善讨好 110
- 势强时欺侮人,势弱时很隐忍 112
- 体健时不爱惜,体衰时依赖人 114
- 年轻时显聪明,年老时逞固执 116
- 前进时得罪人,后退时不助人 118
- 为主时立威严,附从时爱逢迎 120
- 施舍时很小气,受益后易忘记 122
- 有理时不饶人,犯错时常辩解 124
- 选择错误的策略,不乏自圆其说的理由 126

第五章 向对走,弱点会成为优点

有钱时想他人,无钱时想自己 132
得意时不炫耀,失意时不诉苦 135
位尊时不狂妄,位卑时不讨好 137
势强时多助人,势弱时懂自持 139
体健时会爱惜,体衰时懂自持 141
年轻时较谦恭,年老时不固执 143
前进时想退路,后退时能助人 145
为主时不苛刻,附从时不逢迎 147
施舍时能舍得,受益后会感谢 149
有理时能恕人,犯错时懂坦诚 151
选择正确的策略,依据更加充分 154
人类最大的优点在于能够根据目标选择策略 158

第六章 暴露弱点,还是隐藏弱点

隐藏弱点有大智慧 171
合理示弱有大好处 174
根据具体情况,决定具体做法 176
人与人的人性弱点是相近的 181
利用人性的弱点要适度 184
了解人性的弱点,掌握自己的命运 188

第一章 所有人都逃不开的人性弱点

人性的第一个弱点是"求生存"。

基于求生存的目的，人难免怕死、贪生，进而只顾自己。

人性的第二个弱点是"自私"。

因为自私，人经常贪利、贪名、贪图享受。

人性的第三个弱点是"求快乐"。

在求快乐的过程中，人会找刺激、爱争夺，并且不断征占自己喜爱的东西。

这3个人性的弱点，所有人都逃不开。

不过，人性的弱点不一定是缺点，有时候，可以成为优点。

事在人为。

人类有思想就会有弱点

人性的弱点,既是所有人与生俱来、不可避免的,又是自古以来始终存在、没有改变的。

只要人类有思想,就会有这些弱点。

没有思想的人没有这些弱点,反而令人担心。

植物求生存,但由于不能自主活动,只能在固定的位置汲取自己需要的养分。植物的弱点相当突出,即不能自主活动,缺乏自主变换生存环境的能力。

动物求生存,能够自主活动,可以自主变换生存环境,却必须努力适应环境的种种变化,并没有足够的能力改造环境。动物的弱点非常明确,即创造力有限,只能适者生存。

人类则不同，我们不仅能够自主活动、自主变换生存环境，还有强大的动手能力，可以把生存环境改造得更加合乎我们的需要。然而，人类也有弱点，人类的弱点在于虽然有选择的能力，却经常缺乏判断的素养；虽然有动手的能力，却经常走错方向，把生存环境改造得对人类的生存越来越不利。

每个时代，人类都会为了求生存制造很多器物，并一代又一代地传承、改造。然而，很多器物的出现，比如枪支、火药，既帮人们提高过生存率，又伤害过人们，有时甚至越改造越令人失去生存的信心。请问，类似器物的出现，究竟是人类文化的进步，还是人类文化的退化？宗教、政治、经济、军事、工业、商业等各方面，我们自认为是不断进步的，但人类越来越不安、紧张，甚至越来越孤立无援，这是什么原因？

人性的弱点随着人类的生存而存在，自古以来，从来没有消失过。

人性的弱点从来没有消失过，那么，我们应该怎样妥为因应？

人类与其他生物最大的不同在于人类有思想。

因为有思想，人类把环境改造成了如今的样子，制造出了很多器物。

同样因为有思想，人类将环境破坏成了如今的样子，埋下了很多危机。

首先，看矿物。原本，矿物各安其位，但是人类想尽办法对它们进行勘探、挖掘、采集、冶炼、充分利用，制造出了种种器物，或者研发出了许多用途。一方面，人类对它们做到了物尽其用，使它们的功能被充分开发；另一方面，人类的行为对环境造成了破坏和污染，甚至导致部分矿物难逃耗尽的厄运。矿物是自然形成的，但是其种种变化、合成、使用，与人类的思想及其行为密切相关。

其次，看植物。热带植物生长在炎热的地区，寒带植物繁衍于寒冷的地带，海洋、高山、沼泽……各有其特殊的植物自然生长。人类爱动脑筋，发现使用移植、育种等方法，能够把热带植物移植到寒带、把沼泽植物养到室内，不仅如此，还能够通过修剪、嫁接等，把大的植物变小、把高的植物变矮、把瘦的植物变胖……搞得植物自己都"莫名其妙"：我到底是哪里的"原住民"？人类的思想及对应的行为，已经在一定程度上破坏了植物界的自然秩序。

再次，看动物。原本，诸多动物划地为界，各有各的生存区域，且一物降一物，各有各的生存方式。人类带着自己的思想，把狂野的动物训练成温驯的动物、把野生的动物饲养为家畜或宠物、把高山上的动物带到平原、把深海的动物带往内陆……不仅改变了诸多动物的习性、特点，还改变了它们的生存环境，甚至依托改良品种等技术，让动物忘记了自己原本的样子。

最后，看看人类自己，情况大致相同。远古时期，由于科技不发达、交通工具有限，自然的山川、海洋起着很大的阻隔作用，黄、白、黑各色人种分别生活在不同的地区，各自优化自己的生存环境，形成各具特色的文化。

这种相安无事的情况被人类自己破坏了。

人类有思想，且不但有不断探险的能力，还有不断适应新环境的能力。在科技不发达的时候，人类仅凭自己的两条腿，已经能够相当不安分地东奔西跑了，飞机、轮船等交通工具被发明出来后，人类更是实现了轻松地飞越高山、跨越大海。

一方面，生活在各地区的人们积极地向外发展，到处展示自己的优势，以宣扬文化为名四处探险；另一方面，到过他处的人们常热衷于"长他人威风"，回到家乡后经常吹嘘自己在他处的所见所闻，说"他山之石，可以攻玉"。

随着自然的山川、海洋逐渐丧失对人类的阻隔作用，部分有心人开始尝试"以毒攻毒"，企图用人类的思想来约束人类——他们提出若干意识形态，以规范自己的同志，形成界限分明的阵营。意识形态的对抗证明人类冲破了血统、语言、宗教、生活习惯的桎梏，不再能够用单纯的血统、语言、宗教、生活习惯来证明彼此的不同了，只好以意识形态为标准，自行划分阵营。

人类的思想，当然不是意识形态能够限制的。资讯爆炸、科技进步，使人类面对茫茫前程不知如何是好。

具体而言，标准的意识形态好比上作文课时老师给出的题目，既然老师已经给出了题目，学生心中会自然出现某种标准，只要尽量符合这个标准，不要文不对题，及格是相当有把握的。意识形态随着资讯爆炸、科技进步而不那么"标准"后，相当于上作文课时老师在黑板上写下"无题"两个大字，学生心中没有标准，必然不清楚应该怎样写作文。

举个生活中的例子。如果市场上的产品的标准由厂商制定，顾客有相关需求时只能别无选择地购买，可谓"生产导向"，对厂商十分有利；如果顾客拒绝购买按厂商的标准生产的产品，要求自己制定产品生产标准，可谓"市场导向"，对厂商十分不利，因为顾客的需求不一，且难以捉摸。

意识形态对同志的要求十分明确：顺我者昌，逆我者亡。意识形态不"标准"后，谁是同志，谁是敌人？几乎难以分辨。

人类为什么会逐步变成如今这样？因为我们的思想过分集中在人性的弱点上。

植物、动物求生存，在适应中求变化；人类求生存，在变化中求适应。

植物、动物求生存，是在逐步、缓慢地演化，在适应中求变化；人类求生存则不同，由于有思想、要求快速进步，人类求生存是在变化中求适应。

植物怕死，但会直面死亡，毫不逃避。

动物怕死，会极力逃避死亡，但在挣扎无效、逃脱不掉的时候，会悲哀地面对死亡。

人类怕死，会依托思想，设计出很多花样——仅清晨起床后可以做的运动，就包括深呼吸、太极拳、按摩穴位、慢跑、快走、登山等，种类繁多，不胜枚举。

植物、动物求生，要求相当有限。人类求生，则伴随着很多难以被满足的欲望。比如，人类希望长生不老、返老还童。再如，不幸需要直面死亡时，人类期待可以保存躯体，以待复生。又如，自己的五脏六腑出现问题时，人类会设法寻求移植他人的器官，并且不希望产生排斥等不良反应。

可以说，植物、动物只是求生，人类是贪生。

生存的条件，不外乎物质和精神两方面。多数人会先想到物质，再考虑精神，有时甚至会为了物质富足而甘愿委屈自己，即使精神受到伤害也认为应该忍耐。

同样是需要依赖物质维持生命，动物也会储蓄，却远不如人类一般贪得无厌——有东西吃是不够的，还要求其精致、美味；吃饱了是不够的，还要求其源源不断，唯恐无以为继。

人类的贪得无厌，助力着媒体的快速发展，以致媒体能够反过来影响人类的思想。反观植物、动物，媒体再厉害，对它们也无能为力、无计可施。

植物顾自己，只知道自己要吸收二氧化碳（放出氧气）、吸取水分。

动物在顾自己之外，会照顾幼小的子女，比植物高级一些。

植物、动物的顾自己并没有发展到自私的地步，人类的自私表现，有时甚至会严重到令自己都觉得十分气愤的地步，且绝大部分人是无可奈何的。利令智昏，为了贪利、贪名，历史上有太多子弑父、兄杀弟、朋友反目的实例。

除了求生存、自私，还有求快乐这一人性的弱点不可忽视。追求刺激、参与争夺、征占胜利所得，以史为鉴，类似的事情想必大家不会陌生。

接下来，我们分别拆解求生存、自私、求快乐这 3 个典型的人性弱点。

求生存：活着才是硬道理

人人畏死

有一位老先生，不仅家财万贯，事业十分成功，而且相伴40余年的老伴既贤惠，又善于教育子女，家庭美满幸福，是让身边人非常羡慕的人。

这位老先生原本相当得意、满足，认为自己事事顺遂，不虚此生。然而，在这位老先生七十大寿前夕，家人热烈讨论应该如何庆祝时，他满腹忧愁，看起来十分哀伤，令人不解。

避开众人，老伴关起门来问他到底是什么事情让他如此烦恼。

面对相伴多年的老伴，老先生说出了他的心声："小时候，父亲请过一位算命先生给我批流年，批我会在72岁那年寿终正寝。当时年纪小，觉得活72年已经够长了，还有些得意呢。长大后，忙于工作，把这件事忘得一干二净。前几天，我在找文件的时候竟然把这本流年簿翻出来了，惊觉我已经将近70岁，只剩下2年的光阴了。这让我怎能不哀伤、烦恼？"

无论老伴怎么劝说，老先生都想不开。他认为虽然自己事业有成，但还需要继续奋斗；虽然子女各有工作，但还需要他给予辅助；而且，老伴尚在，自己怎么能先走？一大堆理由，都证明2年的时间实在太短，完全不足以了却自己的心愿。

老先生越想越觉得哀伤，竟忍不住痛哭起来……

通过这个故事，我们很容易明白一件事：人性的第一个弱点是求生存。

故事中的老先生即将70岁，这原本是值得开心、庆贺的事，不料他想到自己余年不多，反而因求生存而产生哀伤的感觉。

求生存既是人类的本性，又是人生在世最基本的需求。人类的生活和文化都和求生存有着密切的关系。

回想石器时代，人类的平均寿命只有15岁。那时人口稀少，人的寿命不长，为了确保人类繁衍不息、代代相传，求生存自然成为人类努力的首要目标。

15年，转瞬即逝。如此短暂的生命，能做些什么呢？个人求生存，并不能确保人类繁衍不息、代代相传，因此，传宗接代成为人类求生存的重大使命。

正所谓"不孝有三，无后为大"，在人口不多、寿命不长的时代，生存是人类普遍重视的大事。俗话说"添丁发财"，"添丁"摆在"发财"前面，可见其重要性。

既然"有后"这么重要，在尚未完成这件大事前，人类当然害怕死亡。

求生存的第一个特征便是怕死，尤其害怕在无后时死亡。

☯ 竭力延长生命

时代在进步，环境和医疗保健水平的改善、提高使得人类的平均寿命在不断延长。

如今，男性活到知天命的年龄（50岁），女性活过耳顺之年（60岁）是轻而易举的事。发达国家99%的新生儿可以庆祝周岁、98%的儿童可以活过四分之一个世纪（25年）。

虽然如此，但是人类怕死的心理犹存，且贪生的欲望在不断增加。

活得长久的人，总是希望活得更久，最好永远不死。全世界的人都在追求长生，甚至永生。有的人祈求宗教保护，有的人寄希望于仙丹起作用，还有的人试图借助科学的力量。

贪生是人类求生存的第二个特征。

人类一方面怕死，另一方面贪生，所以做了很多事情，变出许多花样来延长寿命。

贪生使得人类在做好传宗接代的事情外，还有很多发明创造和思想结晶，这让人类的生活多姿多彩。如果爱迪生只活到 15 岁，很难有那么多发明；如果爱因斯坦英年早逝，相对论何时才会被提出？如果孔子活不到 70 余岁，儒家思想大概不会像如今一样完善；如果姜太公早早逝去，遇不到周文王，一生的抱负便无法施展……古今中外的文明创造、文化发展，与人类寿命的延长密切相关。

人能不能长寿，不仅与自己有关，还受到很多因素的影响。比如，欠发达国家的幼童有更高的病死、饿死的概率，责任并不在天真无邪的幼童；发达国家的儿童健康、活泼，同样不是这些儿童努力的结果。

饮食、运动、卫生习惯、生活方式可以决定人的寿命的长短，这一说法也不是十分准确。比如，饮食方面，日本人偏爱低脂，瑞士人偏好多油，但两国人的平均寿命大抵相同。再如，卫生习惯方面，有十分注重卫生却不幸早逝的人，也有所处环境的卫生情况堪忧但相当长寿的人。又如，生活方式方面，有的人不抽烟、不喝酒却很短寿，而有的人抽烟、喝酒的瘾很大却始终健康。

因为贪生、想延长生命，古今中外，被使用、被试验的方法难计其数，但结果证明任何方法都不能一概而论。

☯ 求人不如求自己

很多人用一生苦苦证明自己到底有什么样的命。其实,自己努力也好,听天命也罢,都是自己的事情。这方面,求人无益,不如求自己。

怕死、贪生,都是求人不如求己的事,因此可归结于只顾自己——这是人类求生存的第三个特征。

懂得明哲保身的道理,先保住自己,再怕死、贪生,这是人类求生存的不二法门。

由此可见,"求生存"这一人性的弱点具有 3 个特征,如图 1-1 所示。

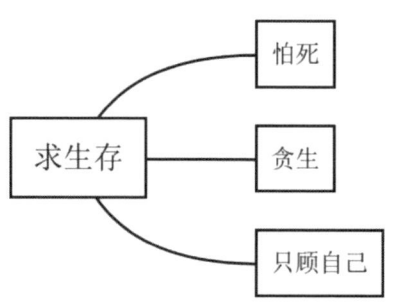

图 1-1 "求生存"的 3 个特征

以下 3 个问题,请大家都问一问自己,看看答案是不是肯定的。

我怕死吗？

我贪生吗？

我只顾自己吗？

其实，怕死、贪生、只顾自己都是人之常情，没有什么好避讳的，答案都是肯定的也用不着不好意思。

人多少都有这样的倾向。怕死，害怕亲人去世、好人早逝，最恐惧自己濒临死亡；贪生，祈求亲人长寿、好人长命、领袖万寿无疆，最希望自己寿比南山；只顾自己，即一切以自己为中心。只顾自己顾到有己无人的程度，便会变成自私。

自私：人不为己，天诛地灭

人性的第二个弱点是自私。

如果生命没有尽头，人类就不必怕死；如果死亡是快乐的，没有丝毫痛苦，人类便不至于如此排斥死亡；如果人类能得以永生，就不必贪生。

事实上，人必有一死，有生就有死，没有谁能够例外，我们无法确定的只是什么时候死。

虽然知道迟早会死，但仍然盼望活得长久一些。

怕死、贪生，均基于生命有限这一事实。怕死，是因为唯恐有限的生命太短，越短越可惜；贪生，是因为希望延长有限的生命，越长越开心。若生命无限，人类就不必怕死、贪生，甚至可能会"找死"，唯恐求死无门。

只顾自己，同样基于生命有限这一事实。原本想先顾好自己，再推己及人，但是时间转瞬而逝，往往来不及顾及他人，只好只顾自己而不顾他人。

其实，很多人并非存心只顾自己，只是时间等资源不容许他们推己及人罢了。

比如，物质有限，原本希望自己享用之后由亲及疏地一路扩散出去，让其他人也能够享用，不料自己享用之后，发现物质已经基本耗尽，无法提供给他人，只得只顾自己。非不顾他人，实在是不得顾他人也。

再如，精神有限。虽然精神看起来比时间和物质更具弹性，可以同时分享给多人，但毕竟精神也属于有限的资源，不是无限的资源。知名歌手在某大型活动上唱歌能够供很多人欣赏，但是如果这次听不到，以后还有没有机会听到，谁都不敢保证。因此，在能争取的时候不放弃，优先顾自己，难道不是人之常情吗？

顾自己无可厚非，但顾得过分，逾越了合理的限度，便成为自私——人性的第二个弱点。

☯ 希望获得一切有利于自己的东西

自私的第一个特征是贪利。

怕死、贪生，都需要有一定的物质条件才能够实现，而这些物质，好像都是能用金钱买到的，于是，很多人认为只要有钱，便能够满足怕死、贪生的需求。

因为金钱难求，每个人拥有的都相当有限，于是，人们贪利的念头更加迫切。正所谓"人为财死，鸟为食亡"，多少人见财起贪念，不顾一切地舍身相求？

不管是金钱还是其他财物，对很多人来说，一切有利于个人的东西，都是他们希望获得的东西，而且获得的越多越好。类似的行为，统称为"贪利"，这是自私的第一个显著特征。

获利后，唯恐守不住，且担心利益不持续增加。若守不住利益，需要时两手空空，岂非白忙一场？若利益不持续增加，已有的金钱可能会贬值、已有的珠宝可能会失窃、已有的房屋可能会倒塌……那么，拥有再多的利益，还不是近乎没有？

世间的事很奇怪，能吃美食的时候没有钱购买美食，有钱购买美食的时候，似乎很多美食不能吃了；有钱的时候，衣服穿不旧、鞋子磨不破，没钱的时候，衣服不但陈旧，而且有破损，鞋子不但起了裂痕，而且磨破了底……类似的实例，太常见了。

贫贱夫妻百事哀，这使得很多人更加贪利，因为再恩爱的夫妻都很难经受得住贫贱的考验；屋漏偏逢连夜雨，这也使得很多人更加贪利——并非因为贪得无厌，而是因为担心自己需要用某物的时候某物不够用，必须多贮藏财物，以防万一。

☯ 希望获得令众人羡慕的名气

冷静地想一想，大家很快就会发现只贪利是不够的——不但不安全，还不保险。

有利，如果没有名的加持，好像神气不起来：商人再有钱，见了官员便不敢嚣张，因为经商的人不像做官的人一样前后都有人簇拥，显得十分威风。

有利，如果没有名的保护，好像随时可能被掠夺：商人再有钱，也拗不过官员，时时害怕官员改变政策，导致自己损失钱财。

因名得利，看起来比纯粹求利方便得多。因此，人们开始贪名：考状元很难，用钱捐个"理事长"之类的虚职很容易；在学术界出名很难，通过买名牌衣服穿出名很容易。

于是，自我膨胀的人越来越多，满街是大师、名嘴、专家、权威、国际名流，人们贪名的趋势越来越明显。

贪名，由此成为自私的第二个特征。

影视演员争排名，争的是自己的名字必须排在别人的名字前面。

在校学生争名次，争的是自己的名字必须排在成绩榜的榜首/前列。

科研人员有了一点发明，立刻去申请专利。

作家写了一些文章，立刻去登记著作权。

……

这些表现都是贪名的表现，大家觉得有了名气之后，社会地位会提升，更容易在人际交往中获得他人的尊重。

其实，这些名都是虚的，比如，很多"明星"会过气，很多"第一名"会被后来者赶上或超过。

☯ 希望享受别人没有的特权

贪利、贪名，原本是为了满足生存需要，但逐步变本加厉，变成要满足个人的享受需求。于是，贪图享受成为自私的第三个特征。

贪利，要利于己而不利于人，已经是自私的行为。后来，发展到利于己还不满足，明确追求个人的荣华富贵，当然更加自私。

贪名，想要自己的名气逐步上升，他人的名气逐步下沉，也是自私的表现。自己的名气大了之后,觉得不够,还要炫耀个人的尊贵,并追求特权、贪图享受,显然是更加自私的表现。

综上所述,"自私"这一人性的弱点具有 3 个特征,如图 1-2 所示。

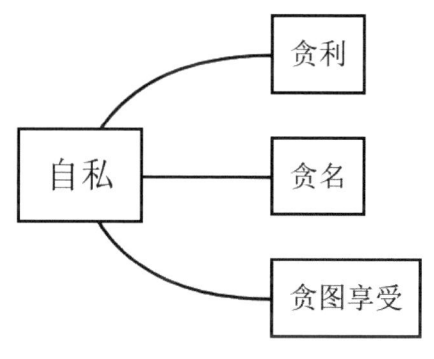

图 1-2 "自私"的 3 个特征

以下 3 个问题,请大家都问一问自己,看看答案是不是肯定的。

我贪利吗?

我贪名吗?

我贪图享受吗?

很多人会发现,如果回答"不是",好像有些违心,虽然觉得有点不好意思,但答案显然是"是"。

求快乐：人人向往快意人生

前文提及，自私的特征之一是贪图享受。贪图享受的主要诉求是求快乐——起初因获得享受而觉得快乐，后来逐渐发展为因求快乐而贪图享受。

由此分析，求快乐是人性的第三个弱点。

人有喜怒哀乐是很正常的事，趋向于求喜与乐、避怒与哀也是很正常的事。喜与乐经常相伴出现，往往以乐为代表。

"人活着，快乐就好！"
"不管别人怎么讲，自己快乐就够了！"
……

这些话好像至理名言一样影响着人们。

快乐在哪里？如何求取？

最基本的快乐是感官的快乐，因此，要从满足个人感官的需求出发求取快乐。

追求通过感官刺激获得快乐

求快乐的第一个特征是（追求）刺激，通过刺激感官来获得快乐。

比如，在饮食上求新、求变，旨在刺激口、胃。山珍海味的营养未必胜过粗茶淡饭的营养，但能够提供不同的感官刺激。

再如，在娱乐方面极尽声色之娱，旨在刺激耳朵、眼睛。不仅要五光十色、变幻无穷，还要在广度和深度上不断发力，希望刺激时刻存在。

又如，在运动方面，原本以健身为追求，逐渐变成以高度刺激为追求——练拳，不过瘾，互相击打才够刺激。

此外，觉得文字读起来沉闷，就加图片；觉得图片缺乏动感，就改为看电视；觉得只有动态画面还不够，就精心配音乐……一步一步，都是在追求通过感官刺激获得快乐。

☯ 争夺的成果格外值钱

求快乐的第二个特征是争夺,即通过竞争、夺取来获得快乐。

能够让人获得快乐的资源是有限的,因此会引得众人进入争夺状态。比如,山珍海味得来不易,于是大家约定俗成,以价制量,让少数付得起钱的人享受。再如,第一名只有一个,代表着荣誉,想获得这种荣誉及随之而来的快乐,必须参与争夺(竞争)。

> 争夺不一定快乐,人们却愿意为了快乐参与争夺,并且用"吃得苦中苦,方为人上人"来鼓励自己,用"山外有山,人外有人"来警示自己,用"竞争才能进步"来粉饰自己的争夺行为。

因为人们普遍认为争夺的成果是高价值的,可以带来快乐,所以大家奋不顾身、全力以赴。

需要注意的是,虽然争夺的成果很吸引人,却往往难以长期持有。比如,今年勇夺冠军,明年可能败北。再如,这次考了第一名,下次可能考第十名。又如,今天吃得到山珍海味,明天可能只吃得到粗茶淡饭。

如果无法长期持有争夺的成果,由此获得的快乐也就无法长久。比如，勇夺冠军时人人称羡，快乐得很，败北时则无人理睬，十分丧气。再如，考第一名时受到大家的交口称赞，非常快乐，考第十名时则可能听到大家的冷言冷语，难以承受。又如，山珍海味吃在口中时，会乐在心中，换为粗茶淡饭，则很容易难过至极。

通过占有美好事物获得极大快乐

一阵子快乐，一阵子不快乐，总的来说是不快乐的，因为快乐的时光好似白驹过隙，转瞬即逝，而不快乐的时光"一日如三秋"，很难挨。

于是，很多人起了征占的念头——能占据的，想办法长期占据；无法占据的，不是设法征收、强行占据，就是尝试毁掉，谁也别占据。这种征占行为，是求快乐的第三个特征。

由此可见，"求快乐"这一人性的弱点也有 3 个特征，如图 1-3 所示。

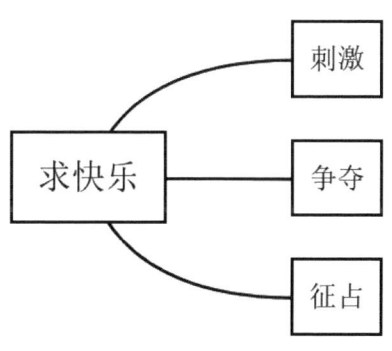

图 1-3 "求快乐"的 3 个特征

以下 3 个问题，大家问一问自己，答案大概率依然是肯定的。

我寻求、追逐感官刺激吗？
我参与争夺以获取快乐了吗？
我会设法征占喜欢的东西吗？

综上所述，人性的 3 个弱点如图 1-4 所示。

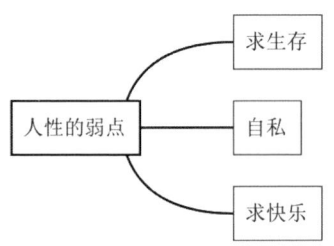

图 1-4 人性的 3 个弱点

把人性的 3 个弱点及其特征串联在一起，如图 1-5 所示。

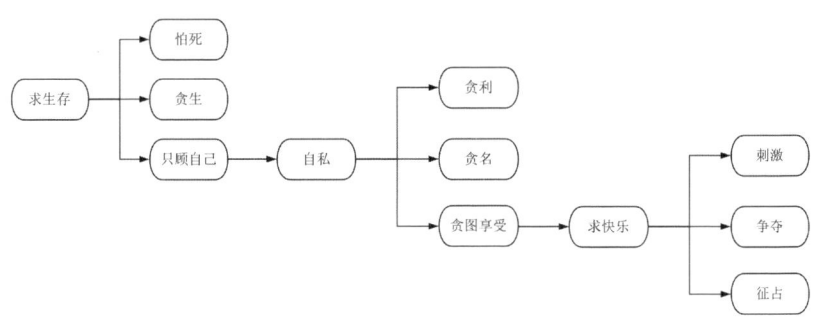

图 1-5 人性的 3 个弱点及其特征

一切行为都是为了求生存，却产生不让他人生存的后果，甚至为了求快乐不惜以付出生命为代价，这难道不是人性的弱点吗？

求生存原本是一件好事，怎么会变成人性的弱点呢？难道人类不应该求生存吗？

人类求生存是正当的、正确的念头。求生存本身没有问题，之所以演变成人性的弱点，是人的问题。

第二章 人类何以有弱点

人性中有一些弱点，很容易成为被攻击的目标。

人类发展的历史，某种程度上其实是互相攻击彼此的弱点的历史。

求生存是人的本性，可以说，人类的所有创造、发明，一切制度、方法，都是为了满足人类的生存需求才逐渐出现的。既然求生存不仅是人类共同的欲望，还是人类繁衍不息、代代相传的主要动力，那么，为什么前文说求生存是人类最基本的人性弱点呢？因为以求生存为原点衍生出了很多问题，令人头疼，摆脱不掉。

弱点并不一定是缺点，当然，也不一定是优点。弱点因应得好，就成为优点；因应得不好，便成为缺点。换句话说，面对弱点，采取什么策略非常重要，用对了策略，弱点成为优点；用错了策略，弱点成为缺点。

举个例子。

人类求生存，必须觅食，于是，觅食成为求生存的方式之一：人们必须设法获得若干食物，以维持生命。

觅食是再正常不过的行为，然而，人们有了充足的食物后，常常忘记觅食是为了维持生命，会慢慢转移目标，追求色、香、味，讲究烹调技巧、饮食气氛，到了这一步，易受攻击的弱点便会出现。

求生存逐步演变为求美食后，就会出现很多社会化现象：妻子苦心优化独特的烹调口味，以求满足丈夫爱好、享受美食的欲望；餐厅打造特殊的饮食气氛，以求吸引顾客的光顾；政府制定粮食政策，以求保障粮食安全与社会稳定；社会将饮食与节庆紧紧联系，以求塑造民俗风气……凡此种种，都是针对求生存这一人性弱点耍的花样。

需要饮食是人类的共性，采取哪一种饮食策略则因人而异，因此，不同的人有不同的饮食习惯。采取的饮食策略正确，有利于身体健康、均衡发展；采取的饮食策略不正确，则可能带来若干不良后果，不仅有害于身体，严重时还会威胁生命。为了求生存，饮食是不可或缺的，这种人类的共同需求不是优点，也不是缺点，因为其既可能成为优点，又可能成为缺点，我们称其为弱点。

人类的弱点有很多，而且具有层次性。衣着、饮食、居住、出行……深入分析，都是为了求生存。衣着、饮食、居住、出行，简单地说就是我们再熟悉不过的"衣食住行"，在各地区、各民族，衣食住行演化出了很多花样，但基本目标、根本要求是一致的：求生存。找出这个最基本的人性弱点，不但便于记忆、便于运用，而且有助于简单明了地化繁为简。

以求生存为原点，前文提出了三大人性弱点，分别为求生存、自私、求快乐。

求生存并无不妥，人人都需要求生存。过分怕死、贪生不好，毫不怕死、贪生也不好。贪生贪得合理，很好；贪生贪得不合理，就出现了问题。人顾自己并没有什么不妥，不顾自己顾谁？但是只顾自己，完全不顾及他人就不妥了。

自私没有什么不对，要不为什么会有"人不为己，天诛地灭"这一说法呢？贪利、贪名，只要不过分，都属于人之常情。贪图享受，如果保持在合理的程度，也是无可厚非的。

求快乐有什么问题?人本来就应该快快乐乐地活着。有刺激才会有反应,有反应才能维持生机。若能秉持君子风度地加入争夺,那么,竞争会成为进步的动力之源。至于征占,如果是形势所逼,相信没有人会反对。

人类确实有这样那样的人性弱点,但这些人性的弱点本身都没有问题,不正当、不恰当地利用人性的弱点,才会产生严重的问题。

王甲为了按时赴宴,排队等待公共汽车。由于正值下班高峰期,排队等待公共汽车的人很多,王甲有些心急,生怕挤不上公共汽车。

排队等待公共汽车时,王甲的期望是公共汽车进站后务必停车开门,千万不要过站不停,让他一点上车的机会都没有。

公共汽车来了,逐渐减速,眼看就要停下来了,王甲的期望立刻变化:一定要让他挤上车,只要挤得上车,人再多也无所谓,大家挤一挤,彼此包容一些就好。

公共汽车停了下来,王甲立刻低着头向前挤,终于挤上了车。上车后,感受到前后空间的狭小,王甲不由自主地抱怨道:"怎么这么挤!"

没有人理王甲,但似乎所有人都在指责他:"你挤上来之后,车上才更挤的。你下车试试,车上会宽松很多!"

王甲当然听不到这些人心里的话,他一心一意地往车厢中部挤,想找一个能站稳当的地方。此时,王甲觉得自己只要能双脚站稳、身体站直就心满意足了。

车厢中部空间稍大，站稳后，王甲开始逐个扫视两边的座位，想看看有没有哪里能够挤着坐一坐，他觉得哪怕只能坐到三分之一大小的座位，也比站着舒服。

有两位身材苗条的好心乘客在王甲的注视下分别向两边挪了挪，给王甲让出了部分座位，王甲立刻坐了过去。虽然只有三分之一的屁股坐在了座位上，但是王甲感受到了片刻的心满意足。

才坐下不到一分钟，王甲就觉得不舒服了。为什么同样是买了一张车票，别人可以坐得那么舒适，自己却如此委屈？于是，王甲心一狠，屁股一用力，努力地把两边的乘客向外挤了挤——这两边的乘客，刚刚还是为他让座的好心人，顷刻间已经成为与他争夺空间的竞争者。

王甲的行为有问题吗？不如此，怎么能够做到适者生存呢？

由以上故事可见，人的欲望是无限的，人的目标会随周围环境的变化而发生变化——没上车的时候，目标是上车；上车之后，目标是想要一个座位；有了座位之后，目标立刻变成想坐得舒适。这个过程，体现了人性中只顾自己的一面。

那么，人类为什么会有这些弱点呢？本章，我们详细剖析这一问题。

生命有限而求长生

从"求生存"说起。

人活着的意义是什么?不同宗教有不同的解释,不同哲学派别有不同的主张。

对个人来说,生命只有一次。只有一次的机会当然十分宝贵,必须努力求生存,以免来去匆匆。

求生存并不意味着需要人人重视传宗接代。如今,世界承受着巨大的人口压力,就是因为过去很多人在这方面当仁不让,导致人多,问题也多。

站在优生的立场上说,有些人不仅不应该生儿育女,而且不需要活得那么辛苦——简直连怕死的资格都没有。

贪生同样如此。人不应该一味地追求活得长久，应该同时重视生活品质。我们当然希望长寿，但要健康地长寿，不要受老来开刀之苦。可以说，健康和长寿同等重要。

大家都贪生，导致如今的社会老龄化严重，麻烦频出，产生很多问题。由此看来，对某些人来说，并不应该贪生。

只顾自己呢？人各有命，先天的不平等普遍存在，例如，智商、身高、寿命等各不相同，若所有人都只顾自己，岂不是好的更好，差的更差？加上一些后天的不平等，只顾自己对人类社会并没有好处。

按照以上分析，人的怕死、贪生、只顾自己的本性是有弊无利的。

是否真的如此绝对？

此生不管好坏、长短，既然来了，就应该留下一些痕迹，空来空去，好像不太好。留下什么呢？思来想去，很多人觉得留下儿女最实在。传宗接代被称为人生大事，是十分有道理的。

站在优生的立场上，很难判断谁的素质比较高。有时，优秀的父母会生出品性恶劣的子女；有时，歹竹能生出好笋。变数很大，无人可以料定。在尚未完成传宗接代的大事时，怕死无可厚非。

生活品质如何很难客观评价，自己认为良好即可，其他人的想法并不重要。健康标准是什么也不好一概而论，有些人残而不废,谁敢说他们不健康?所有人都有生存的权利,老龄化社会有老龄化社会的好处,最起码不至于所有人的火气都很大、很好斗!

贪生,是人的权利,没有人应该受到限制。如今的绝症,说不定过不了多久便能等到特殊药物问世,获得治愈的机会,不等行吗?在这种情况下,不贪生岂不等于送死?

至于只顾自己,更是很正常的事。只顾自己顾到有己无人的程度,便会成为自私。只要足够坦白,谁能否认自己多少有一些自私的心理?

求生存这一人性的弱点和它的3个特征是见仁见智的事,不同的人有不同的认识、不同的评价,这不是人性的弱点及其特征的问题,是人的问题,只能由人们各自解决。厉害如一统中国的秦始皇,也只能专注于求自己的长生,无暇顾及他人。

物质有限而谋利益

人性的第二个弱点是"自私"。虽然有句古话是"人不为己,天诛地灭",但是人人自私,也很糟糕。

时间有限,这是针对个人而言的。愚公移山的故事告诉我们,一个人终其一生不一定能够将山移走,但是如果不断有人接续,终究能将山移走。真的有心推己及人,就不至于因物质有限而谋利益了——人多馒头少的时候,若大家都主动少吃馒头多喝水,互相理解一下,不就都有吃的了?

精神是无限的,以精神为皈依,就不应该太计较物质的有无、多少、轻重、先后。有时,人们会说:"我在精神上支持你!"在精神上支持一个人、一个家庭、一个团体,乃至一个国家、整个世界,有什么用?从个人的角度看,作用非常有限;但从整体的角度看,作用很大。

石油用完了，有其他资源可用于替代；所有交通工具都不能使用时，可以用双脚走路、跑步、跳跃。在这种情况下，有贪的必要吗？

名和利，到最后都是一场空。

自古以来，大家很容易记住他人的过失，对应的是很容易忘记他人的功劳。功没过存是"不求有功，但求无过"的主要依据，但很多人汲汲功名，不惜牺牲他人以追求功劳，不知道为的是什么。

孔子非常伟大，但是孔子是谁，谁又是孔子？

孔丘在世时，孔丘便是孔子，孔子便是孔丘。孔丘逝世后，孔子变成一个符号，代表着曾经鲜活，现在只活在人们心中的那个人。就算孔丘真的再生，我们也只会推崇他为"孔子再世"，并不会认定他就是孔子。

孔子的高名，对孔丘本人来说也是空的。

与功劳和过失一样，对快乐和悲哀来说，前者容易忘记，后者难以忘怀。比如，享受周末，会让很多人周一上班时更加痛苦；再如，享受假期，会让很多人的财务支出有明显增加，经济压力陡增；又如，面对值得享受的事物，共享双方针对享受方法有不同意见时，苦恼也会出现。

何况，人的欲望没有止境，由俭入奢易，由奢入俭难。

不过，事有两面，以上分析不足以证明自私的3个特征都有害无利。

好汉做事好汉当，每个人都要为自己所做的事负责。愚公终其一生没有将山移走，就算是功亏一篑，对愚公而言，一定会有遗憾。而且，他既不知道后人会不会继承他的遗志，又不知道继承他的遗志的人会不会改变他的计划，或者将他的计划据为己有，让后世不知有他。

僧多粥少的时候，少数人吃得到、吃得饱，可以100%地活下去，或许比大家都能吃到，但都吃不饱，最后纷纷饿死强得多。在这种情况下，那些能吃饱的少数人大概就是善于争名夺利的人——这样的人平时就很用心于争名夺利，必要时会获益不少。

精神是否"无限"在实际生活中是需要具体问题具体分析的，支持了我，就不能支持别人，否则怎么叫全力支持？精神支持之所以有力量，是因为多数时候要"有我无他"，不能无条件支持所有人。整体上看，精神是无限的，但一个人是一个个体，要有个体的立场。从个体的角度看，时间是有限的、精神是有限的、所能掌握的资源也是有限的，这是不可否认的事实。只关心个体，不关心整体，固然是自私的表现，但换个角度看，也是守本分的表现，并无不妥。

大家都知道，名和利，在身后都是一场空，但大家依然要追求——追求的是生前的、尚未成空的名和利。将来怎么样，不用去管它，现在有名，就可以接受电视台记者的访问、享受被关注的风光。

有功没过存的现象，是因为很多人有嫉妒优秀者的习惯，并且善于挑他人的毛病。如果大家都不求有功，但求无过，世界怎么进步？有贡献的人可能会被大家忘记，但实际的贡献将永存人间，从这个角度说，功是不会完全"没"的。比如，人死留名，孔丘已经逝世两千余年，"孔子"的名却代代相传，实实在在地留了下来。

与名、利相比，现世的享受更为真实——好吃的东西，想起来就垂涎三尺；华贵的衣着，让人的气质显著提升；名贵的车辆，能吸引众人艳羡的目光；好听的音乐，会让人觉得格外愉快……

由此可见，自私这一人性的弱点和它的 3 个特征也是见仁见智的，不同的人有不同的认识、不同的评价。

本能需求而逐快乐

针对求快乐这个人性的弱点，大家同样各有见地，好像怎么说都有道理。

快乐是什么？针对"快乐"的定义，说法众多，迄无定论。有人偏重物质生活，有人偏重精神生活，也有人兼顾精神和物质。不仅如此，在兼顾精神和物质方面，还有很多不同的细分主张。

很多人认为快乐和贫富有密切的关联，认为金钱万能，用金钱可以买到所有需要的快乐。事实上，快乐和贫富没有必然的关联，有快乐的穷人，也有不快乐的富翁。具体而言，在金钱方面富足的人确实可以拥有更多的物质、空间，以及协调时间的余地，但是，金钱给其所有者带来的风险也很大——绑架、敲诈、勒索……如果因在金钱方面富足而赔掉健康，甚至生命，哪里还有快乐可言？

追求感官刺激是大多数人获得快乐最方便、最快捷的途径。读书的快乐，只有少数颇有阅读心得的人能获得；为官的快乐，只有少数仕途得意的人能获得，于是，日常生活中的感官刺激有其存在的必要性，否则普通人很快会因觉得生活乏味而不快乐。不过，追求感官刺激的行为很容易过激，比如，有人会为了增加感官刺激，在酒品中加上一点儿刺激性物质，导致原本无意吸毒的人染上毒瘾，甚至越陷越深、难以自拔。本意是追求感官刺激，结果产生很大的痛苦，这恐怕是很多人始料未及的。

提到争夺，谁不想只是君子之争，不要争得面红耳赤？然而，一旦涉及争夺，往往会情绪高涨、理智退隐，不斗得你死我活，很难罢休。

争夺什么？起初是争夺让人快乐的事物，后来逐渐变成以争夺为快乐。很多政客、企业家，都舍不得放弃争夺，对这件事乐而不疲。

那么，争夺就一定不好吗？大家都退让、从不争夺，似乎也不好。让来让去，如果大家都不要，如何收场？甚至有人认为凡退让，都是假的，不过是虚晃一招、以让为争、多戴一副面具而已。

征占更是奇怪，能轻易占有的东西，人们往往不想要，想要的东西，又很难占有。世界上最大的钻石，谁不希望占为己有？结果呢？谁都无法占有，最好的安排是放置在博物馆里。

大家都想要的东西，如果谁都得不到，为什么还要处心积虑、费尽苦心地征占呢？有什么意义呢？

换个角度想，如果谁都没兴趣占有钻石，钻石还是宝贝吗？大家都不要的土地，是荒地；大家都视而不见的东西，是废物。

人类求生存、自私、求快乐，原本都不是问题，但是由于脑筋不清楚、观念模糊，徒增很多困扰，求生存、自私、求快乐终于成为人性的弱点。

凡是生物，都会求生存。动物如此，植物亦然。

人类的智慧使我们善于因应生物求生存的欲望，对各种生物进行利用。

比如，人类希望某种植物多繁殖一些时，会竭尽所能地满足这种植物求生存的各种需求，以达到帮助其繁殖、满足自己的欲望的目的；而希望某种植物减少繁殖时，会尝试改变这种植物的生存环境，让其难以生存，进而逐步消亡。

再如，利用动物求生存的本能，人类不但设计出了各种各样的捕捉动物的用具、陷阱，还摸索、掌握了各种驯化、训练动物的方法。

从这个角度看，植物、动物求生存的欲望有时候也会成为它们的弱点之一。

人类是万物之灵，但人类求生存的欲望也被利用着。比如，被同类利用于统治、领导、驾驭、控制，成为典型的人性弱点。

因为人类的观念、行为比植物、动物复杂，所以人类求生存的欲望会随着时代的变迁、环境的改变，逐渐演变为自私、求快乐，比植物、动物苦恼得多。

白居易写过一首名为《对酒》的七言绝句："蜗牛角上争何事，石火光中寄此身。随富随贫且欢乐，不开口笑是痴人。"用于警醒世人人生苦短，不管贫富，都应该笑口常开、快快乐乐地过一生。写出了这首诗的白居易自己做到这一点了吗？恐怕未必。

美国有一首民谣，大意是某人吞下一只苍蝇后手足无措，赶快吞下一只蜘蛛去捉苍蝇；吞下蜘蛛后觉得不够妥当，又赶紧吞下一只小鸟，以求小鸟去把蜘蛛吃掉……

小鸟怎么办？这首民谣没有给出答案。但带着无穷欲望的人类与这首民谣中的"某人"很像：以求生存为起点，非常怕死，暂时不会死，转为贪生，怕死、贪生，逐步转为只顾自己，并进一步发展为自私；自私者，先是贪利，再是贪名，有名有利后就贪图享受；贪图享受，一般由追求刺激入手，继以争夺，直至兴起征占的念头。

原本只是单纯地求生存，逐步演变为征占喜爱的东西，甚至连生命都可以弃之不顾,违反求生存的初衷。这样的人类,弱点是不是很明显,甚至怪异呢?出现这种明显且怪异的现象,是不是人的问题呢?

因为有理想，所以有弱点

人的个性完成过程是逐步认识、完善自己的人性的过程。人是唯一能够自我反省的生物，即把自己当作研究对象，不断地认识自己、调整自己，乃至个性完成。

人的自主性成就着真正的人性尊严。

在了解自己的过程中，多数人认为每个个体都是"一半"，这一半去追求另外一半，才有机会完成传宗接代的使命。

大家都热衷于传宗接代，人越来越多，秩序越来越乱，有些人便站出来想办法统治世界。怎么统治呢？想来想去，只有充分因应各人的个性，帮助大家完成传宗接代、统治世界的愿望，并设法在一步一步实现目标的过程中对各人加以辅导，才有可能最终践行统治世界的使命。

需要注意的是，不同的人有不同的个性、特点，各式各样、品质不一的人一起组成多姿多彩的人类世界。若把人类分为上人、中人、下人，上人是数量最少的一种人，这几乎是一致的见解。有些人喜欢自诩为上人，其实是出于物以稀为贵的心理。至于是中人的数量比较多还是下人的数量比较多，社会上有着不同的看法。有些人认为中人的数量最多，下人和上人一样，数量不多；有些人则认为中人的数量与上人的数量相比是较多的，但是不如下人的数量多，下人最多，因为大多数人是糊里糊涂地过这一辈子的。

人们推崇上人，喜欢向上人学习。不管上人传道授业时依托的是宗教还是哲理，人们总是能够虚心地接受。

然而，现代的民主化潮流逐步遮掩了上人的光辉——大家把宗教势力浓厚的中古时期称为"黑暗时期"，将圣人的哲理看成"愚民政策"，动不动就指称"民智未开"。现代人知识丰富、见多识广，好像每个人都是上人一样。

不错，现代人很少迷信宗教，但是很多理想也消失了。大家越来越只关注物质世界的繁荣、奢侈，不同程度地忽视了精神生活的贫乏、肤浅。

科技的快速发展凸显了物质的重要性。现实生活中的物质有多重要，大家看得清清楚楚，当然会毫不犹豫地全力追求物欲的满足。

现代人的人性弱点以"贪图享受"为重点，其他特征纷纷成为这一重点的附属品。在这种情况下，扭曲的人性逐步形成，如图 2-1 所示。

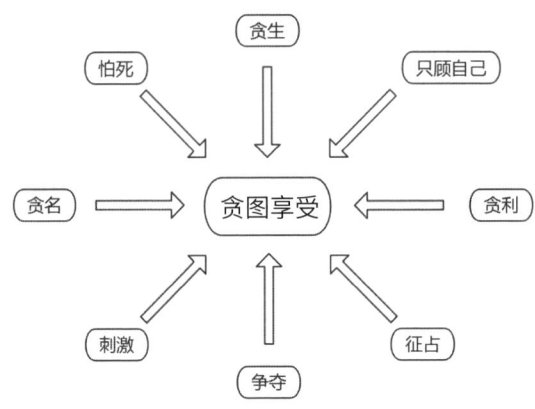

图 2-1 现代人的扭曲的人性

在政治上，为人民谋利益是最重要的目的。任何政治主张，都包括满足人民的物质生活需求。政治失去理想，领导者就丧失号召力。如果领导者贪图享受，国家、（政治）理想、责任、荣誉等，都将成为空谈。

在经济上，激烈的竞争可能导致很多负面影响的出现：降低成本，力求自动化，导致失业人口激增；艺术、文学、体育……都在努力满足人们的声色口腹，不但商业化，而且粗俗化；一切都讲包装、求吸睛，样样被广告左右，等等。

在生活上，为求享受，甚至可以不顾自身的安危；贪利、贪名，都是为了获得享受的机会；除了饮食刺激，其他的事物都不关心；所有争夺、征占的行为，都指向自己的享受欲望；不以奢侈为耻，一切以金钱为衡量标准，等等。

凡此种种，都证明很多现代人把享受放在了第一位，忘记了以下两个事实。

事实一：人的欲望是无穷的，很难有人在享受方面获得彻底的满足。

事实二：越享受，越不满足。

大家最好反省一下，享受应该是双方面的：一方面在于外在的物质条件，另一方面在于内在的精神力量。内在的精神力量来自人们的理想，没有理想的人，物质条件再充足，也无法获得真正的享受。

那么，我们应该如何正确地看待享受呢？

第一，享受是人类求生存的延续目标，不是单一目标。因追求刺激而伤害自己的身体（如酗酒），结果对自己的生存构成巨大的威胁的享受，属于不合理的、缺乏理想的享受。人一生下来，便有求生存的本能，这是人类痛苦的根源。人的一生，离不开求生存。享受的结果，如果是增加求生存的痛苦，就不是良好的享受。

享受的结果，应该是减轻求生存的痛苦。对身心健康有益才是正途。

第二，享受的目的在于获得快乐，可见享受并不是终极目标。获得快乐有内、外两种途径，刺激、争夺、征占都是向外求取的方式，必须配合内心的宁静与安然自得，才能获得真正的快乐。内心的宁静与安然自得来自正确的理想。很多现代人缺乏理想，内心不得宁静，越向外求取物质方面的享受，内心越难以安然自得，疏离感、不安感都因此产生，这是亟待解决的问题。

第三，人类无法单独求生存，必须与他人共同生活。追求个人的享受，对提高共同生活水平来说是有害无益的。有钱人关起门来享受，好似锦衣夜行，索然无味；公开享受，则害怕引起他人的嫉妒，招来意想不到的伤害。不公开是无趣的，公开也不妥，怎么能够怡然自得呢？可见独乐乐不如众乐乐——一个人独自快乐，比不上大家一起快乐。如何让大家一起快乐？需要努力让大家拥有共同的理想。一群人在一起，有共同的理想，才能乐得有共鸣。如此说来，现代人最大的缺失在于没有理想：大家盲目地追求享受，不知道什么样的享受才合乎理想，总觉得自己无法获得快乐的原因是自己不够努力，以致努力再努力，却越来越感觉不到快乐。

没有理想，就不知道应该怎样选择正确的策略。如今，交通发达，网络普及，资讯得以快速交流，其结果是各种言论、各种主张纷至沓来，听起来都有道理。没有理想的人很容易迷失在多元化的世界中，不知道如何实现个性完成。

有理想的人，生活、追求的目标更明确，更容易做到个性完成、传宗接代、统治世界，不过，他们的人性弱点也由此更容易被他人利用。

第三章 对弱点的攻击贯穿人类历史

人类发展的历史，某种程度上其实是互相攻击彼此的弱点的历史。

具体而言，每个时代都有这种情况，举例如下。

神权时代，少数善于装神弄鬼的人为满足大家求生存的需求，利用大家敬畏的神、鬼来获取个人的名和利。

君权时代，君王不仅通过设置文武百官等岗位来满足大家贪利、贪名的欲望，还通过行使生杀大权来震慑大众。

民权时代，大家各显神通，专家、学者、政治家、资本家等头衔层出不穷，企图利用大众的人性弱点，获得自己追求的名和利。

网络时代，媒体的科技化、普及化、深度化让大众对人性的弱点了解得更清楚了，对人性的弱点的利用更加隐蔽、巧妙、无所不在。

课堂上，李老师讲完课本知识后，见还没打下课铃，便临时起意，组织学生们玩猜谜游戏，放松一下。

学生们听说要猜谜，异口同声地提要求："不要太难喔！"

李老师笑了笑，说："保证很容易，一点儿都不难！"

说着，李老师拿起粉笔，转身在黑板上写下了上联：二三四五。

写完后，李老师转过头来问学生们："这几个字，大家认识吧？"

学生们积极回应："认识！"

看起来确实不难，学生们都很兴奋，兴致勃勃地进入了抢答状态。

李老师继续在黑板上写出了下联：六七八九。

不用说，这几个字学生们也都认识，但大家不明白李老师要让他们猜什么。

"大家根据这副对联，猜一件人生大事吧。"李老师不紧不慢地说。

学生们猜来猜去，竟然没有一个人猜中答案。

"老师，谜底是什么？"学生们着急了。

"非常简单，大家注意听。上联是'二三四五'，缺什么？缺'一'对不对？"李老师见时间差不多了，解释道，"下联是'六七八九'，缺什么？缺'十'对不对？合起来就是缺一少十，因此，谜底是'缺衣（一）少食（十）'。"

"这和人生大事有什么关系？"学生们依然不明白。

"人生大事，无非衣、食、住、行！缺衣少食，当然是人生大事啦。"李老师说。

"现代人丰衣足食，哪里会缺衣少食？难怪我们猜不到。"学生们不服气道。

"仔细想一想，大家在这里认真学习，难道不是因为怕有一天会缺衣少食，才提前做好准备吗？换句话说，只有确保自己有丰富的学识、强大的能力，才不至于退回到缺衣少食的生活状态中呀。"李老师说。

"确实,衣、食是优质生活不可或缺的,只有努力学习,才不会受制于此!"学生们想通了。

人类发展的历史,某种程度上其实是互相攻击彼此的弱点的历史,而教育,一大作用就是让年轻人认识到自己的弱点,变得更加强大。

神权时代,利用神鬼让人敬畏

再次强调,人类发展的历史,某种程度上其实是互相攻击彼此的弱点的历史。

刚开始,好像是聪明的人在利用愚蠢的人,深入观察后不难发现,愚蠢的人也在利用聪明的人。人与人在互动的过程中创造了辉煌的历史,有人在幕前表演,有人在幕后付出,如此而已。

虽然各民族创造并发展了不同的文化,但是究其历史,都摆脱不了"少数聪明的人,装神弄鬼以满足大家求生存的需求"这一发展历程。

古代民智未开,先民知识匮乏,当时,人的寿命普遍较短,面对生死,经常觉得惊奇、恐慌、不解。死亡的压力很大，自然界的常见现象，如闪电、雷鸣、狂风、暴雨、山洪、火灾等，在古代人眼里都和生死有相当大的关系，因此他们十分好奇，急于追问究竟。

问来问去，大家都茫然无知。于是，聪明的人尝试着提出假想，说是雷公、雷婆打架，山神、水神发怒。这些假想被传来传去，大家渐渐地信以为真，好奇者，每逢看不懂的怪异现象，甚至会主动来向这些常常提出假想的聪明的人请教，反向助增这些人的信心。这种相互影响很容易理解，类似于如今擅长写科幻小说的作家凭着自己的想象构造一些科幻故事，认可的人越多，读者反响越强烈；读者反响越强烈，作家写得越起劲，进而用心构造更多的科幻故事来满足读者的阅读需求，如此循环。

我们设置一个销售情境，看看满足顾客的需求和掌握顾客的弱点有没有不同。例如，在一双皮鞋的鞋面上绘制鳄鱼皮花纹、将一双高跟鞋的高跟部分设计成可拆卸款，都是在满足顾客求新、求变的需求，可以说是对顾客追求刺激的人性弱点的掌握；将一双鞋定价为99.99元，很容易看出这是掌握了顾客贪利的人性弱点后采取的举措，却很难说明为什么这样做能够满足顾客追求便宜的需求。由此可见，后者往往可以涵盖前者，换句话说，前者的范围通常不如后者的范围大。

神、鬼通常在人类面对看不明白的、无法解释的事物时被提及，至今如此。例如，站在场边看一个人投篮，他瞄得细心、投得用心，篮球脱手后空心中篮时，我们通常会说："真准。"这句话代表着"很准，但一点儿也不神"；同样的场景，同样的人，他投篮时瞄也不瞄，随手投出便空心中篮时，我们通常会惊诧道："真神！"因为我们看不明白、无法解释这个球为什么会如此准确地进篮。

神权时代，生活环境单纯，个性差异较小，任何人想以"人"的身份来提高自己的价值都十分困难。因此，用大家敬畏的神、鬼来神化个人，成为神权时代聪明的人利用人类求生存的人性弱点装神弄鬼的主要法宝。

借神、鬼之名，逐渐提高了某些人在人群中的地位。这些聪明的人希望他人做某事时，假借神、鬼的旨意，往往有更高的获得他人认同的概率。

"夜晚容易闹鬼，最好在家休息"，这成为某些地区"日出而作，日落而息"的依据。

"月神比较温柔，不像太阳神那么暴虐，不会伤害人。"在这种说法盛行的地区，以月出为一天的开始，养成"傍晚工作，白天躲在室内休息"的习惯是不足为奇的。

久而久之，大家对这些神、鬼的"代言人"有了较强的信任感后，这些人就开始尝试着直接说出自己的意见了（不再借神、鬼之名），而很多人会习以为常地欣然接受。

把神、鬼的名义利用得差不多的时候，人们开始逐渐摆脱神、鬼，强化个人的地位，慢慢进入君权时代。

君权时代，利用纪律让人服从

谁能够获得大众的信任、支持，谁就有可能成为君王、发号施令。

为了满足大众的需求，君王需要调配各种资源，教导大众从事游猎、畜牧、农耕等工作，以降低死亡概率、延长寿命。

最开始，不是所有成为君王的人都有制定规矩、法律的想法的，有些君王只是一心一意地希望大众各自安分地耕种自己的田园、饲养自己的家畜、食用自己采摘的蔬果、饮用天然的河水，平静地过日子。然而，随着人类的寿命逐渐延长，一方面，众人对死亡的恐惧逐渐减少；另一方面，有些人开始处心积虑、各出奇招地进一步延长自己的寿命，情况发生了变化。

在一些愚蠢的人自作聪明、自以为是地玩出许多花样、制造出许多问题的情况下，开始有君王制定规矩、法律。

君王要求生存，必须设法控制大众、维持群体秩序、巩固自己的地位。某些愚蠢的人试图利用君王求生存的人性弱点提出若干要求，反而推动了君王理直气壮地制定规矩、法律的进程。

制定规矩、法律之后，需要有若干负责执行的人。于是，逐渐有君王开始利用其掌握的生杀大权来管理负责执行的人，通过满足这些人怕死、贪生、只顾自己、贪利、贪名、贪图享受的欲望，制定并不断完善种种管理制度。

自私的风气一旦形成，大概率会愈演愈烈，少数贤明人士苦口婆心地提出警诫和劝告是无济于事的。

中国有一则寓言，大意如下。

有一个地方，人人都饮用"狂泉"的泉水，以致大家都疯疯癫癫的。有一位外来者觉得这样的行为举止很不正常，决定不饮用"狂泉"的泉水，以免自己也变得疯疯癫癫的。然而，一段时间后，当地人都用异样的眼光看着这位外来者，认为自己的行为举止是正常的，这位外来者是不正常的。

自私的习惯与之类似。大家都自私，就会认为不自私的人是不正常的，这是正常现象。

没有贪利、贪名、贪图享受，以及永久占有利益的欲望的君王，一般不会引起众人的反感，以致被推翻。然而，君王是人，也有人性的弱点，在位高权重的情况下，弱点更容易暴露无遗。

不管在什么时代，都有很多人会因怕死而不敢轻易冒犯上级；会因贪生而遵守规矩、依令而行；会因只顾自己而在必要时告密、出卖亲友；会因贪利而坚持以服从为负责之本；会因贪名而甘愿寒窗苦读；会因贪图享受而苦苦经营求学、升官之路……这些人性的弱点大部分为君王所充分利用，但并非所有君王都会被大众反对。

什么样的君王容易引起大众的反感呢？身为君王，往往能比大众享受到更多美好事物，于是，很多君王会更积极地追求刺激，比如，喜好争夺，恨不得集天下珍品于一堂，供自己享用；再如，醉心于征占，时常向外侵略，以扩张势力。这样的君王更容易引起大众的反感。部分官员、百姓会为了个人的名利，反利用这些君王的弱点，导致民不聊生，并进一步陷这些君王于不仁不义的境地。

由此可见，只要君王的行为不过分，大众通常是乐于听命的。如果秦时的君王能够克制自己的人性弱点，不过分放纵自己，或许真的会自秦始皇开始，经秦二世、秦三世，直至千百世。

其实，君权时代并非一无是处。我们之所以拒绝君权集中，是因为圣明、大公无私的君王可遇不可求，非常难得。就算有幸出现这样的君王，恐怕他也很难持久圣明，因为权力易使人腐化，拥有权力后不久，很多君王就会不圣不明、私心很重了。

不断有君王专横、霸道，以致因犯众怒而被打倒，于是我们慢慢地进入了民权时代。

民权时代，利用观念限制自由

民权时代有什么特点呢？

孙中山先生提出要推翻清朝统治，使人民成为国家的主人、自己的主人。但清朝灭亡后，中国一度陷入军阀混战。

所有人都成为自己的主人，是不是意味着所有人都可以从君权时代的求生存、自私发展为明目张胆地去找刺激、搞争夺、强征占呢？

君权时代，也有很多普通人会偷偷地找刺激、搞争夺、强征占，但范围不敢太大、对象不敢太多，而且尽量不张扬，以免因被揭发、被指证为目无王法而惨遭刑罚。

进入民权时代，所有人都成为自己的主人，会怎样呢？

☯ 自由理解使权威不复存在

《论语》记载，子曰："吾不如老农。"

以孔子的修养，这应该是一句谦虚的话，用现代汉语解释，意在规劝大家给予各领域的专家应有的尊重。

君权时代，很多君王推崇孔子的思想，因此，没有人敢随意曲解孔子的言论。

民权时代，人人都有自行理解孔子的言论的自由，于是，有人这样解读：孔子执着于研究治国、平天下的大道理，对技术、劳作十分轻视，学生向他请教农业耕作的技术，他很不高兴，不予鼓励，只是淡淡地说了一句"吾不如老农"，言语间充满不屑和鄙视。

两种解读，有南辕北辙之差。

在提到对技术的看法时，《论语》记载，子夏曰："虽小道，必有可观者焉，致远恐泥，是以君子不为也。"

用现代汉语解释，大意为"虽然技术只是'小道'，但是有值得学习的地方。只是，如果一个人过于注重技术，想据此推求高远的道理，有许多地方会行不通。因此，有些志向高远的人不囿于技术"。意在告诫大家，处世、行事，在技术之外，还有很多东西需要、值得我们学习。

在君权时代，这句话同样没有太过分的误读，但到了民权时代，针对这句话，有一种说法为："技术属于微不足道的

'小道'，并不值得深入研究，以免不小心沉溺其中，无法自拔。因此，有远大理想的人不特别关注技术方面的提高。"

一正一反，两种解读截然不同。

台湾地区有一首脍炙人口的歌，歌名为《钱来也》，歌词很简单，只有四句话，如下。

钱来也，免欢喜。
钱去也，免伤悲。
生不带来，死不带去。
有钱无钱，由在天。

针对这首歌的歌词，有人解释道："小富由俭，大富由天，所以必须节俭，重视储蓄，以便积少成多。"有人则说："小富由俭，大富由天，如果没有大富的命，再节俭也富不了，不如不储蓄，快活一日是一日。"

两种观点中，第二种观点争议较大：有人说这种观点太消极，其实天下无难事，只怕有心人，想富并不难，只要用心，就有机会；也有人说这种观点十分积极，能够帮助我们转变心态，不因目前没有财富而泄气，积极、乐观地享受生活。

由此可见，针对同一事物，会有不同的观点，而针对其中的某个观点，会出现不同的说法。

人人都有自己的念头，而针对每个念头，都能够找到人性的弱点、可利用的方向。

神权时代和君权时代，人性的弱点受到较强的制约，但已经足够被利用。民权时代，人性有更自由、更充分的发挥空间，能被利用的弱点自然更明显、更突出。

资本家鼓吹人应该自私，最好一切财产都由公有变为私有，表示只有这样，大家才肯努力。以往，大家只敢偷偷地贪利、贪名；如今，不仅有人公然叫嚣"贪婪并非罪恶"，还有机构逐年公布世界级富翁的排名，那么，大家为什么不全力以赴地为自己争夺财富呢？

政治家看到绝大部分人最重视的是生存、安全保障，便积极主张降低税收比例、提高养老保险水平、改善医疗保险制度等，以求通过满足广大民众的需求争取选票、成为人民的代表。所有人都成为自己的主人后，大家选出的代表自然是人民的代表。民权既可以解释为"人民的权力"，又可以解释为"人民选举出来的人代表人民行使的权力"，很多政治家，当选前尊重人民的权力，当选后便希望人民重视他的权力。

思想家提出种种言论，针对人性的弱点，在民权时代花样百出地宣传自己的主张，令人目不暇接。

……

总之，自由理解，会使权威不复存在。

☯ 不自由、不由自主的情况远多于自由、自主的情况

很多人分不清自由的层次，以为自由对所有人来说是一样的，常常混同自由和平等。

其实，在人的一生中，有很多事情是不自由、不由自主的。

首先，降世前，要不要生而为人、出生在什么样的家庭中、孩童时期过什么样的生活、能够获得什么样的教育、以哪种语言为母语等，都是不自由的，自己丝毫没有自主的余地。

其次，随着年龄的增长，自己逐渐能够独立思考了，才慢慢获得一些自主的余地：可以自己选择职业、自己决定行为方式、选择或追求自己喜爱的事物等。虽然自由的范围相当有限，但是和童年时期事事需要依赖父母相比，自由度已经高了很多。

最后，人终究是会老的，老年人需要面对、解决的问题包括生理机能的衰退、心理状态的失衡等，年龄越大，越难以自主。

综上所述，以年龄的增长为线，每个人都会经历从不自由、难自主到获得自由、自主能力，再到不自由、难自主，最终结束一生的过程。

以社会地位的逐步提高为线，同样有自由、自主空间、能力的变化。

社会地位低微的大众，哪里有足够的自由、自主的空间、余地？社会地位高的人制定一些法律法规，就可以把社会中所有人的行为约束起来；"法治""守法"这些名词，在一定程度上是"自由"的反义词。

很多人为争取民权而抗争，便是有感于种种法律法规已经严重地阻碍了自由。很多当政者经常以"合乎我的法律法规，便有自由"为由妨害人权，很少承认部分法律法规已经使人不得自由。

在君权时代，君王是拥有极大的制定法律法规的自由的，只要不致犯众怒，想怎么规定便怎么规定。在民权时代则不然，社会地位越高的人越需要小心、谨慎。

民意如流水，可以载舟（将当政者的地位不断推高），亦可覆舟（把当政者拉下管理位）。

民意为什么如流水呢？因为大众大多缺乏远大的理想和坚定的信念，很容易一会儿被鼓动得流向东边，一会儿又被操纵着流向西边。虽说水能载舟，亦能覆舟，但究其根本，水也是不由自主的。

既然社会地位高的、低的人都不能完全地自由、自主，那么，究竟什么人能够自由、自主地生活在现代社会中呢？不负实际责任、只知道喊口号的人。这样的人常假以争取言论自由、集会自由、思想自由等自由为由，兴风作浪，先把自己推向高处，再以此为据点，小心翼翼地维护自己的形象。

☯ 有理想才有真自由

在争取自由方面,很多人的方向是错误的。

自由是争不到的,越争自由,越不自由,因为自由与否是内部的、自发的,不是外部的、争取来的。

有理想的人才有自由。具体来说,要先决定自己要做一个什么样的人,再按照自己的想法走自己要走的路,这才是自由。

理想由别人决定,不自由;理想由自己决定,才自由。

在多元化时代,每个人都可以有不同的理想。

自己的理想由自己决定,这既是现代人的自由,又是现代人必须直面的困难。之所以说是困难,是因为很多人无法依靠自己明确自己真正的理想。有些人认为反正找不到真正的理想,不如直接放弃寻找理想;有些人误以为眼前的便是最好的;有些人认为理想应该不断更新,甚至常换常新才好,以致经常变换理想……究其根本,这些人都没有真正的理想。

现代人之所以需要直面这样的困难,是因为科学技术迅速发展的后遗症很难完全规避。绝大多数人认为科学是万能的,依靠科学,可以解决一切问题、满足享受的欲望。这些人,一谈到哲学，就执着于结构、概念、系统，苦苦思索而无所得，弄得自己迷迷糊糊的。

直面这一困难，摆在眼前的似乎只有一条路——合理结合哲学和科学。至于怎样结合，不同的人有不同的主张，勉强不得，这才是真正的自由。我们只能建议大家小心谨慎地使用这种有限的自由，以免既给自己造成痛苦，又给别人增添烦恼。

天下的事是仁者见仁，智者见智的，各种策略都自有其道理，我们应该充分尊重他人的自由，不必明确地指出哪种策略较优，哪种策略较劣。所谓优劣，不过是参考意见，针对众多策略，大家必须根据自己的理想，自行判断、自由选定，额外增加任何规定、约束，都不利于自由、自主。

现代人的理想是什么呢？以下描述仅供参考。

第一，自行决定善恶之路、奋斗方向。

人生可走的路很多，我们应该自行决定向善或者作恶；生而为人，到底有没有必要明确理想、追求理想，同样应该由自己决定。

第二，接受教育，以便明辨是非、增长见识。

有选择的自由，才会有不知道应该如何选择的苦恼。

很多人判断不清究竟什么叫向善，什么是作恶。如果一个人连善恶都判断不清，如何分辨对错、正确选择呢？我们一方面有选择的自由，另一方面有不知道应该如何选择的苦恼，想在这两难中找到一条出路，好像学习是唯一的途径。然而，学习也是有不确定性的，学对了，固然可喜，万一学错了，岂不可悲？是学对了还是学错了，我们如何分辨呢？

过去，已有不少带着热心到处教人，结果教出很多问题的实例，因此，孟子说过，人之患在好为人师。希望大家提高警惕，不要随便教人——误人子弟的罪孽相当深重。

然而，有些现代人变本加厉，不但明目张胆地到处教人，而且自封为"国际级大师"，以不知为知，指点江山。

读书和不读书与能否明辨是非无关。有的不读书的现代人比读书人明白事理；有的读书人十分用功，却因读错了书而误入歧途，追究起来，是因为误人子弟的老师太多。

在资讯发达、知识爆炸的时代，大家对很多事情是一知半解的——不完全明白，但自以为完全明白。在这种情况下，不学还好，越学越糟糕。现代人普遍是部分错误观念的受害者，大部分人并无觉察，少数已觉察的人则申诉无门。

于是，有人主张推动实证，认为可验证的学问才是正确的学问。结果呢？凭空抛弃了很多暂时无法被验证的真学问，接受了一些目前验证无误的假学问。

人们虽然有一些自由，但是常苦于无法正确对待这些自由。主要原因在于学问不容易求取，在没有学问、不明事理的情况下，就算有一些自由，也不知应该如何是好。

第三，求取学问，以便正确对待自己的自由。

既然求取学问、明辨善恶如此困难，我们可走的路只有慎选老师一条。不要随便相信文凭、证件、著作、奖状，也不要因听信一两个人的推荐而轻易拜师。跟错了老师，被耽误的是自己。现代人崇拜偶像，年纪轻轻就立志向某个品性不明的人看齐，实在是害自己的可怕行为。慎选老师，应该多打听、多了解，根据对方的实际行为判断对方的品性。判断的时候，最好明白人既然有理想，就应该多尽一些义务、多承担一些责任的道理。

现代人放弃理想，多少和怕承担责任、不愿意尽义务有关系。

很多中国人做人、做事的态度是"既来之，则安之"——既然生而为人，就安心地把人做好，不必去追究自己到底是从哪里来的。

安心地把人做好，需要有理想、有目标。

人的目标，实际上只有一个，即求生存。从求生存的角度看，人是没有自由的，大家都一样，无从选择。不过，如何求生存，人有一定的选择的自由，可以选择自己的理想。

选择理想，不妨考虑以"心安理得"为衡量标准。凡是能够令人心安理得的理想，都是比较正确的、有利的；反之，便是不正确的、有害无利的。

以"心安理得"为衡量标准，衡量、比较可选择的策略、理想，看看哪种比较妥当，通常不会出大问题。选择比较妥当的策略、理想，这是人的自由。

一切由自己决定，并不特指求生存，而是指自己所选择的理想别人无法干预，且不能加以硬性规定。

一个人，应该怎样生存、怎样做人、做什么样的人？不同的人可以拥有不同的理想，一切由自己决定。

看完以上内容，不妨问问自己如下 3 个问题。

人需要理想吗？

为什么现代人普遍缺乏理想呢？

我的理想是什么？

人是怎么来的？人类的起源是什么？这种问题尚无定论。现代人很快地接受了进化论，这在一定程度上可以视作对义务、责任的逃避——人从猿猴进化而来，究其根本，既没有义务，又没有责任。

现代人大多不迷信，但也失去了一些理想。

没有理想，就会失去自由。

网络时代，利用媒体渲染弱点

古代社会相当单纯，"秀才不出门，能知天下事"依托的是适当的推理。因为人同此心、心同此理，所以人们很容易以"想当然耳"来论断，而且结果往往八九不离十。

现代社会科技发达，媒体几乎已深入每一个角落，同样是"秀才不出门，能知天下事"，依靠的不再是推理，而是自己看到的、听到的具体景象。

推理是自发的、自控的、自主的，一切既可以由自己负责，又可以凭良心进行决断；看到的和听到的是他发的、他控的、他人做主的，到底是真是假，常常变幻莫测、莫衷一是。

现代科技使媒体既普遍化，又深度化，不但已深入各家庭、各角落，而且报道得深刻且仔细，几乎巨细无遗。

如今的媒体，不仅对推动知识的传授和资讯的传播有很大的贡献，还为意见的交流和经验的交换提供了很大的助力。

事有两面，如今的媒体广泛利用人性的弱点，也造成了不少负面影响，导致政府对媒体管制也不是、开放也不好。

媒体的存在与发展同样有求生存的弱点。在求生存的同时，媒体常企图反过来影响人的生存。

"有人抢劫加油站！"小李告诉小马和小吴。

"你怎么知道的？"小马好奇地问。

"在电视上看到的。"小李说。

"结果怎么样？抢劫成功了吗？"小吴问。

"抢到2000元，但被当场抓获。"小李说。

"怎么会这样？"小马和小吴感到惊讶。

"抢劫的人后面刚好有两个警察骑着一辆摩托车来加油，事发后，坐在后座上的警察跳下车，紧跑两步就把抢劫的人抓获了，带回了警察局。"小李说。

"那人怎么这么倒霉？是个生手吧？居然一点儿警觉性都没有。"小马说。

"什么意思？"小李没听明白。

"一个人抢劫，不如两个人合作抢劫安全。两个人合作抢劫可以彼此掩护，就不会发生这么倒霉的事了。"小吴帮小马解释道。

"对，两个人一前一后，任何一个人远远地看见有警察，就可以立刻发出警告。"小马说。

"那3个人合作不是更好？遇到事情更方便彼此照应。"小李说。

"可以呀，而且不要去抢劫加油站了，不如去抢劫快餐店。快餐店里的钱应该不少。"小马说。

"我看这样，咱们再回去看看电视吧。看得仔细一些，或许会有更多心得。"小吴说。

"难道我们真的要去抢劫？"小李踌躇道。

"有什么问题吗？看电视学东西，不会浪费时间呀！"小马说。

"对，学习无罪！"小吴表示赞同。

"他山之石，可以攻玉。把这个抢劫犯的过失修正过来，我们必能安全得手。"小李明白了。

由以上故事可见，在抢劫的手段越来越高明方面，媒体不是无辜的。

媒体让人心浮气躁

在交通不便、信息流通的速度和范围都有限的时代，此地人对彼地人的生活状况并不是很了解。即使住在同一地区，穷人对富人的生活状况也不是很了解，彼此之间的差距到底有多大、真正不同到什么地步，很少有人是完全清楚的。

眼不见，心自然宁静；一些道听途说的信息，顶多随便听听，印象不会很深刻，也不致产生太大的影响。由于种种限制的存在，水平相近、生活条件相似的人亲眼看到的东西大致相同、差异不大；那些显著不同、差异很大的东西，不容易被看到。

生活在这样的时代，多数人比较安于现状，会平静地过自己的日子，彼此相安无事。

如今，交通发达，资讯的传播既快速，又可以波及极大的范围，与此同时，大众对透明化、台面化、明确化的要求越来越高。在这种情况下，各大媒体会处心积虑地针对人性的弱点进行渲染、夸大、重复、强调，导致大家不得安宁。

为什么在世界各地的偷渡客眼中，美国有极大的吸引力？好莱坞影片的成功与火爆是不可忽视的重要原因。

通过媒体，美国将自己描述得如人间乐土，人人都有成功的机会，这导致很多人不惜牺牲一切，也要冒险到美国试一试自己的运气。

媒体的种类繁多，不仅有报纸、杂志、书籍，还有电视、广播、各类自媒体等。

在现代社会，媒体已成为大众获取资讯的主要途径之一。电视机普及后，甚至在一定程度上动摇了父母的地位，成为家庭教育的主导力量。如果说现在的孩子缺乏家教，不应该一味地指责父母教导无方，电视节目中的诸多错误信息也难脱干系。由于电视、广播有严重的商业化倾向，很多节目制作人常为了吸引眼球、将利益最大化，置伦理于不顾，将良心、道德摆在一旁。很多父母会在说不过子女时，用某些学者、专家的"和子女做朋友"的主张进行自我安慰——在父母都会主动放弃为人父母的责任的情况下，良好的家庭教育必将成为一种奢谈。

媒体容易被政治强者或经济强者操纵，成为他们控制舆论的工具，间接或直接地影响人们求生存的欲望，并进而成为现代人利用人性的弱点的最普遍、最有力的利器。

于是，逐渐有民众要求政府开放媒体，使弱势群体能够拥有反击的"武器"。

媒体利用人性弱点的六大策略

以求生存为目标，媒体在发展过程中建立了一套生存策略。整体而言，如今，各大媒体共同以"民众有知情的权利"为号召，针对人性的弱点，践行着以下策略。

● 策略一：营造悲观气氛

媒体会通过提供乐观的信息，提高大众的生存欲望、增加大众的生活乐趣，不过，媒体深知，若是提供的乐观信息太多，不时常给大众的生存、自私和快乐制造一定的威胁，大众会慢慢忽视媒体的报道。因此，实际报道中，媒体的预测常以悲观预测为主，针对大众的生存、自私和快乐，给出严重的警告和负面的可能性，制造易被大众关注的焦点，不断地刺激大众。

对于悲观预测，大众总是相当关注。针对类似的报道，举例如下。

在南非大选中，纳尔逊·曼德拉当选总统（南非首位黑人总统），媒体立刻预测南非将发生内战，这样，大众才会持续关注南非的局势，每天留意媒体的报道。

如果媒体经常预测美国国务卿会长期留任，大众很容易认为相关报道是多此一举的，于是，媒体每隔一段时间会预测一次美国国务卿即将被撤换，这样大众才会持续关注。

如果媒体经常报道经济繁荣、政坛稳定、股价稳定上涨，大众很可能会将其视为平常话题，觉得相关消息不关注也不会怎么样；如果媒体时不时警告大众经济指标下调、币值趋贬、某些地区即将爆发战争、股市面临崩盘风险，大众就会奔走相告、提高警觉、重视媒体的各种预测及报道。

营造悲观气氛，使大众感受到生存、自私和快乐的压力，主动关注事情的发展趋势，媒体才能够持续吸引大众的注意力。

◉ 策略二：提供新奇事物

悲观气氛的营造，会使大众觉得活是活得下去，但是前途黯淡、希望渺茫，因而期待发生变化，特别容易对新奇事物产生兴趣。媒体意识到了大众的这种需求后，总结出了"狗咬人不是新闻，人咬狗才是新闻"这一传播法则，极力发掘、提供新奇事物，以奇人奇事来夺取大众的注意力。

一头会算数的牛、一条喜欢抓老鼠的狗、一匹狂野的马、一只温驯的老虎……不寻常的事物、新奇的事物、罕见的事物，都是媒体眼中值得报道的事物。

选举时有人抬着棺材拜托民众惠赐一票、儿子当街殴打父母、真人站在火车站广场上一动不动地扮蜡像人而真正的蜡像人动来动去地和真人一样……反常的事情，更容易被媒体争相传播，大众无不希望一睹为快。

子女不邀请父母参加婚礼、妻子允许丈夫每周末外出与他人共宿、女儿因不满意母亲给她准备的结婚礼服而拒绝出嫁……这些奇事，都可以上电视，成为大众茶余饭后的谈资。

在媒体猎奇的同时，部分人还会主动迎合媒体求新、求变的需求，竭力制造新闻，以吸引媒体来高价收购或优先播出。比如，有人会在公开场合说出完全不合逻辑或不堪入耳的话，原因只是"不这样说，媒体就不会热心传播"。

● **策略三：塑造新的权威**

在不断接受新奇事物的刺激的情况下，大众一方面会对寻常事物失去兴趣，另一方面会觉得世界之大，无奇不有，不知道到底应该怎么办。

媒体看准了大众在旧有权威消失后需要获得新的权威这一点，在一元化的单一权威已经不符合时代潮流的情况下，开始致力于塑造多元化的、各式各样的权威。

如今，"请听听专家的意见"成为媒体的常用字眼，暗示着"专家就是新的权威"。

各行各业都有专家，古人云："三百六十行，行行出状元。"果然如此。行行都有权威，至于权威是真是假、能维持多久，要问问媒体才知道。

实在塑造不出正向权威的时候，媒体会尝试塑造"丑闻权威"。

想知道美国人在新加坡挨鞭子（受鞭刑）的滋味吗？问他，他是当代第一个亲身体验鞭刑的美国青年，如今，他的身价特别高。

想知道成年人在百货公司偷窃时失手被抓的真实过程吗？问他，他最清楚，因为他的相关经验非常丰富。

日本某媒体票选"全国最令人厌恶的女明星"，一位二十多岁的影、视、歌三栖明星高票当选。大众很好奇为什么该明星年纪轻轻能够获得这么多人的厌恶，该明星（及其经纪团队）则认为获得这么多选票说明有这么多人记得她、熟知她，故决定趁机推出新唱片，以求大发利市。

媒体的力量，足以将一位名不见经传的普通人塑造成"草根新星"、将一位根本不合格的明星塑造成"最具潜力的明日之星"，甚至"最受欢迎的国际巨星"。

媒体的策略，是将最愿意配合的人、配合度最高的人塑造成权威。可配合的因素很多，包括人、时、事、地、物等方面，因此，经常会有新的权威出现。

◉ **策略四：丑化权威人士**

很多媒体，一方面塑造权威，以提高自身的影响力，另一方面极力丑化原有的某些权威人士，以彰显自己敢于挑战权威的态度，使大众对自己更为敬畏。

美国前总统克林顿当选后，曾不断遭受各种绯闻的攻击，以致需要设立基金，公开募款充当法律诉讼费用。

美国前总统尼克松曾因身陷"水门事件"而被媒体穷追猛打，直至提前卸任。

……

只要权威人士稍有差错，部分媒体便会不断深入调查、访问，加上各种猜测、分析，予以丑化。

在每一次旧的权威被丑化、新的权威被逐步塑造的过程中，媒体都会给予强大的助力，这是媒体在为自己的生存与发展增加保障。

揭穿权威的阴谋、打击权威的气焰，这都是媒体的任务，借以彰显"水能载舟，亦能覆舟"的力量，使权威人士更加配合媒体，获得合则两利的效果。

大众眼见着媒体先把某人塑造为权威，再将其丑化，更觉得媒体有生杀大权，从而更加重视媒体。

● **策略五：打造各种偶像**

除了丑化权威人士，媒体还很重视打造各种偶像，娱乐、运动等领域均偶像林立，可增加相关刺激。

歌星拥有歌迷、影星拥有影迷、球星拥有球迷……媒体遵循"有'迷'就有偶像"的原理，打造出了各式各样的偶像，将其包装得无比完美。等到有一天这些"迷"了解到自己崇拜的偶像原来也有各种各样的缺点，痛心、后悔浪费了时间与金钱，恐怕也无可奈何，只有媒体从中获得了巨大的好处。

近年来，有些媒体致力于打造抗争偶像，不遗余力地报道街头运动、团体抗争，导致许多国家的首都警备车每天24小时待命，谨防抗争运动的爆发。

很多人原本并不关心影星的情史，也不关注歌星不断推出的歌曲，但经不起媒体反复渲染，会在不知不觉中成为影迷或歌迷，对某影星、歌星的点点滴滴格外感兴趣。

比如，美国橄榄球运动员O.J.辛普森涉嫌杀害前妻妮可·布朗·辛普森及其友人罗纳德·高曼的事件是20世纪90年代美国最具争议的司法事件之一，被称为"世纪审判"，众多媒体投入了大量的金钱和时间，连续半个月将该新闻列为头条。其实，对很多人而言，这种事件根本不值得被如此重视，但是媒体的集中报道，驱使很多人因好奇而大量购买与辛普森的生平有关的书籍、录影带，在不知不觉中加入关心辛普森本人的行列。

当然，媒体打造各种偶像的举动并非完全没有好处，比如，随着运动偶像范围的扩大，被大众熟知的运动项目在增加，登山、滑雪、冲浪等，均逐步成为普及性运动，是有助于这些运动的推广的。

● **策略六：凸显性与暴力**

在激烈的竞争环境中，部分媒体为了生存，不得不采取凸显性与暴力的策略，通过满足部分人的感官刺激需求站稳脚跟。

"性骚扰"这个话题，最早被重视于学校，因为大众普遍无法接受"狼"混迹于教育重地。随后被重视于企业和一般机构，比如领导者以"性"为威胁，行破坏职场公平之事。有时，这个话题还会与家庭有关，比如女儿控告亲生父亲，相关问题常常是清官难断家务事，谁也弄不清楚真相如何。

至于暴力，街头抗争已经被媒体炒得有世界级热度了。各种暴力行为令人目不暇接，暴力后果有时会严重到惨不忍睹的地步。

抗争是用来对付他人的，对付自己的暴力多表现为自虐、自杀。日本有一位青年，醉心于研究各式各样的自杀方法，并将自己的研究写成了一本书，通过媒体的宣传，该书竟进入畅销书排行榜，成为畅销图书之一。

人生充满矛盾，一方面喜欢暴力，以满足刺激需求；另一方面害怕暴力，格外重视安全。私人保镖抢手，企图以暴防暴或以暴制暴，类似现象的出现，离不开媒体凸显暴力行为的影响。

媒体充分因应人性的弱点，一方面斥责暴力，另一方面唯恐对暴力的描述不够细致、拍摄不够清晰。这是媒体的求生存的弱点的表现。

☯ 开放还是管制，选择对待媒体的最好方式

传播学者丹尼尔·勒纳提出了一个观点："媒体乃社会制度的一个表征。"大意是有什么样的社会制度，就会有什么样的媒体。

社会制度是宽松、开放的，媒体便呈现自由竞争、自由发展的状态；社会制度是强计划性、管制的，媒体自然会受到诸

多限制，被严重束缚。不过，不管社会制度是宽松、开放的，还是强计划性、管制的，媒体为求生存，一定会针对人性的弱点选择并采取有利的策略。

地球是一个庞大的试验场，人类在这里进行诸多不同的试验。以媒体为例，有的国家实施宽松化、开放化管理，有的国家则实施强计划性、管制性管理，结果是各有利弊。

对媒体来讲，开放比较有利，因此，媒体会基于自身的利益，大声疾呼："开放、开放，这对社会有好处。"

平心而论，管制媒体对社会也有很多好处，因为媒体的主要功能是引导人们走上安居乐业的正道，而非诱使人们步入求新奇、爱奢侈、企图不劳而获地享受荣华富贵的邪道。

在媒体太多、太强、很难管制的时候，有些政府不得不选择开放化管理。开放后的媒体为了应对竞争，有时会不择手段地利用人性的弱点，造成今日复杂化、多样化的世界局面。

以下一段对话，很耐人寻味。

"这里有白色的粉末！会不会是炭疽热的病菌？"甲说。
"这是面粉，你想到哪里去了？"乙说。
"你看，电视看多了，总是疑神疑鬼。"丙说。
"你们很少看电视，了解不到现代资讯，我们之间才会有代沟。"甲说。
"代沟是所谓的'专家'虚构出来的东西，相信他们的话才会有代沟，如果不相信他们的话，哪里有什么代沟？"乙说。

"对啊！心中有代沟，自然有代沟；心中无代沟，自然无代沟。"丙说。

"这样说起来，媒体都是不好的？"甲问。

"依我的看法，开放的媒体可以说是人类神经破坏器：一天到晚想办法破坏我们的神经，总有一天，不是让我们变成神经兮兮的病人，就是让我们变成毫无智慧的知识接收器。"乙答。

"你的意思是媒体只能传播知识，无法启发智慧？"甲问。

"一点儿不错，正是如此！"乙答。

"那我们应该怎样面对媒体呢？"甲担忧地问。

"应该由有智慧的人来管理媒体，对媒体待传播的信息进行筛选、分析、整理。"丙说。

"那不就等于管制媒体吗？会导致言论不自由吧？"甲问。

"实际上，合理的管制就是合理的开放，关键看你怎么想。"乙说。

"合理不合理的标准很难定，我看还是开放好。"甲说。

"这就是现代人的问题：怕合理的标准难定，于是干脆放弃追求合理。"丙说。

● **媒体深知人性的弱点**

人性的弱点，从古到今，始终围绕着求生存、自私、求快乐，发展出不同的内涵，程度不一。

媒体强大前，人类就有这些人性的弱点。我们不能把这些弱点的存在归罪于媒体。但是，媒体强大后，人性的弱点被凸显，人人难逃被摆布的命运，这是事实。

对于媒体传播的消息，不看，不安心；看了，很容易揪心、烦心；看得少，不清楚；看多了，更迷糊。大众对媒体，好像无可奈何。

人性的弱点不可避免，媒体的存在不可忽视，我们必须找到一条共存、互利的道路。

针对人类求生存的人性弱点，媒体会推送大量的医药广告，强调医疗、药品的效果；介绍各种保险制度，渲染购买保险后能够在生育、患病时得到的补偿；宣传安全有效的保障系统，唤起人们怕死的潜意识。

在众多媒体报道的影响下，很多人会变得乐于多服药、买保险、强化保障措施以逃避死亡。

与此同时，媒体会在营养食品、保健用品、健身设施等方面加大宣传力度，以强化人们贪生的欲望，让其关注营养的均衡搭配、保健用品的购置比例，以及健身活动的参与程度。

在私人保镖、个人保险、防身物资等方面，媒体也时有鼓吹，以强化人们只顾自己的欲望——雇用私人保镖、购买针对个人权益的保险、学习各种自卫方法、更加关注自己的安全与健康。

媒体在求生存方面的因应如图 3-1 所示。

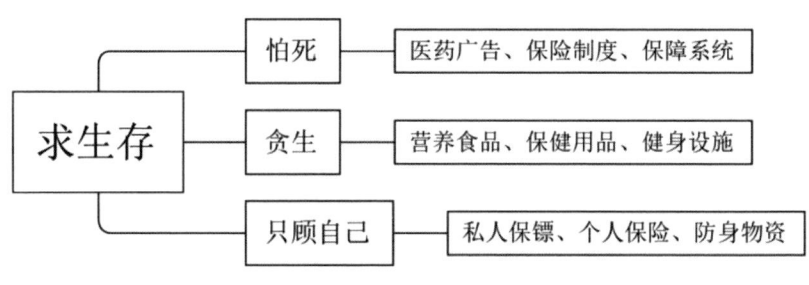

图 3-1 媒体在求生存方面的因应

针对人类自私的人性弱点，媒体会经常提供巨额奖金、丰富奖品、多种优惠，甚至终生优待，以此吸引大众，满足其贪利的欲望。

与此同时，媒体会努力打造娱乐、文艺、运动、竞技等领域的偶像，以及各行各业的杰出专家，举办各种竞赛，设置各种排行榜，推出"金像奖""金龙奖""金手奖""金狮奖"等奖项，以此强化大众贪名的欲望，推动其踊跃加入竞争行列。

通过巧立名目，媒体还会鼓励大众旅游、参观、享用各种资源，以此强化大众贪图享受的欲望。

媒体为大众提供的贪利、贪名、贪图享受的主要渠道如图 3-2 所示。

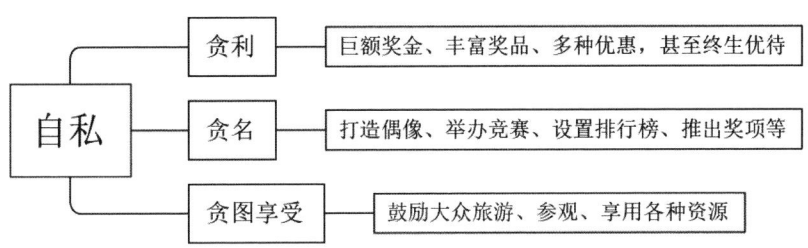

图 3-2 媒体为大众提供的贪利、贪名、贪图享受的主要渠道

虽然不同的人兴趣不同，生活水平也不同，但是媒体能够针对不同的需求，提供不同的求快乐的途径。

以举办竞赛为例，媒体可以先细分各种竞赛、增加竞赛项目，以适应多样化的需求，再按年龄划分幼年竞赛组、少年竞赛组、青年竞赛组、中年竞赛组、老年竞赛组等，以吸引更多的参与者，最后对竞赛进行层级化设置，依次为社区级、乡镇级、省市级、国家级、国际级，以制造不同的高潮。

以报道街头抗争为例，街头抗争本是区域性活动，但媒体一再报道、不断完善细节，可能会让相关事件的影响扩大至全世界。

此外，限时抢购、各式各样的拍卖，通过媒体的宣传、现场直播等，能更广泛地调动人们争夺的兴趣。

发掘奇人奇事、曝光名人隐私、制造艺人的花边新闻等，媒体能够尽力满足人们的感官刺激需求。

报道区域战争，媒体能让世界各地的人都有机会获得征占的感觉——即使不上战场，也可以充分了解各种高科技武器，甚至满足自己的指挥欲望。类似的还有各国的派系斗争，只要有兴趣，所有人都能够突破时空的限制，"亲自"参与。

在满足大众的求快乐的需求方面，媒体的主要做法如图 3-3 所示。

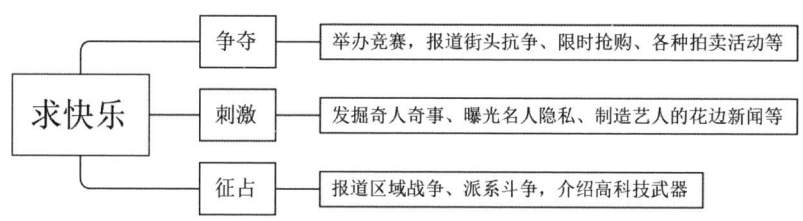

图 3-3 媒体满足大众求快乐的需求的主要做法

媒体大多不会主导上述活动，但上述活动可以借助媒体实现自己的目的。在现代化、科技化、多样化的时代，媒体能够更加快速、有效地为大众提供明确、利用人性的弱点的媒介。

我们既不可能改变人性的弱点，又不可能抑制媒体的持续发展。我们能够做的，只有合理地依托媒体因应人性的弱点。

◉ **管制媒体要适度**

世界各国都很重视媒体的发展，因为媒体有强大的影响力，不能等闲视之。

但是，说起来有些可笑、有些无奈，人类的智慧有限，绝大部分国家的政府面对强大的媒体压力，只能选择对媒体进行合理开放、顺势疏导，不敢全面管制。

如今，根据开放的程度，对媒体的管理有管制、局部开放、大部分开放3种不同的状态。

几乎没有哪个国家的政府敢全面开放媒体，因为毫无限制势必带来"只要我喜欢，没有什么不可以"的结果。如果不管媒体何时、何地、叙述何事、呈现何物，政府都不加干涉，大众很容易质疑："政府到底在做些什么？"

同样，几乎没有哪个国家的政府敢全面管制媒体，因为大众会无法忍受信息闭塞的生活状态，很可能以"其他国家有开放的媒体，我们为什么没有"为由组织反抗活动。如果不管媒体何时、何地、叙述何事、呈现何物，政府都横加干涉、严格管制，大众很可能会逐渐对媒体失去信心、对媒体报道的内容丧失兴趣，并不断猜测、质疑政府为什么要管这么多。

在这种情况下，世界各国的政府不约而同地表示：管制，其实也留有开放的余地；开放，其实也伴随着很多隐性的管制，在开放与管制之间，找到适应本国国情的平衡点就可以了。

其实，绝大多数人心中有数，知道政府应该对媒体进行合理的管制，因为媒体需要适当因应人性的弱点，将大众引导到安居乐业的正道上来，而不应该过分利用人性的弱点，将大众的兴趣引导到怕死、贪生、只顾自己、贪利、贪名、贪图享受、（追求）刺激、争夺、征占的歪路上去。要想充分发挥媒体的正向作用，对其进行合理的管制当然十分必要。

读书的目的在于明事理，而最有助于明事理的途径是踏踏实实地阅读经典。读书明理，早期指的是通过阅读书中的文字，明白其中的道理。

阅读文字是比较枯燥、费力、费时的学习方式，很多人没有多少兴趣，于是，有人想出用图画诱导大家看图识字的方法，希望大家识字后，能够更好地读书。

不料，图画利用大众的兴趣，喧宾夺主，将很多人带上了只看图画、不看文字的歧途，反而有碍于读书明理。

我们不反对用部分时间欣赏图画，但唯恐大家因沉迷于图画而失去阅读文字经典的能力，不务正业。在这种情况下，对于图画的使用，是不是应该进行合理的管制呢？

某些媒体有比图画更强的吸引力，比如，依托录音带，在部分情况下可以用有声读物取代文字读物。有声读物可以用于辅助文字阅读，但它一旦被用于取代文字读物，会妨害深入学习。要知道，一个会听、会说中国话，但不懂中国文字的人，是很难深入地了解中华文化的。

电视节目比录音更生动活泼、声情并茂，因此，很多人会用看电视取代看书。通过看电视获取知识，是迅速、有效的，但是企图通过看电视掌握一门学问的精髓，恐怕如同缘木求鱼，非常困难。

各种传播形式、媒体之间原本是互利、互助的，但为了求生存，竞争越来越激烈，有时甚至到了不择手段的地步。图画、录音带、电视节目、广播节目、电脑软件等，如果用于辅助大众读书明理，当然是好事，但若各出奇招，膨胀到试图大小通吃，很容易把大众引入歧途。

合理的管制能促使媒体自律、各自扮演合适的角色。然而，什么是合理？这是大众争论不休的焦点。媒体、专家各有说辞，但逐步建立了一种共识：政府不必管得太多。于是，大家都不说管制，改口说开放了。

☯ 媒体也要求生存

在很多西方国家，只要有理，什么人都可以骂，包括总统在内。在大部分东方国家，有理时，也可以据理力争，但面对某些真正有权势的人时，更多的人会多些权衡。

在美国，一位年仅15岁便产下女婴的少女，可以在电视节目里和她的母亲一起露面，接受现场观众的询问："为什么母亲不知道女儿怀了身孕？"在中国，主流观点认为这样做会对母亲和少女产生很大的伤害，应该尽量避免。

欧美人喜爱户外活动，媒体便常向大众展示如何在海边晒出均匀发亮的古铜肤色，并趁机鼓吹人工日光浴机的良好性能。中国人大多怕晒太阳，认为"一白遮百丑"，觉得皮肤白皙的人看起来比较漂亮，媒体便常推介室内休闲活动。

这是"媒体乃社会制度的一个表征"的证明，可以解释为社会制度影响媒体的宣传行为、方向、风格。

很多媒体、专家推崇"有市场自然有供应"这一说法,意思是媒体没有过错,媒体的好坏是人造成的。

如果把人性的弱点比作市场,媒体的因应便是一种供应。只要人性的弱点存在,媒体的因应就会持续,而且越来越激烈、越来越深入。

● 媒体也有各种弱点

为了求生存,媒体可以相当人性化——不但怕死,而且贪生,有时还会只顾自己。媒体求生存的方式如图3-4所示。

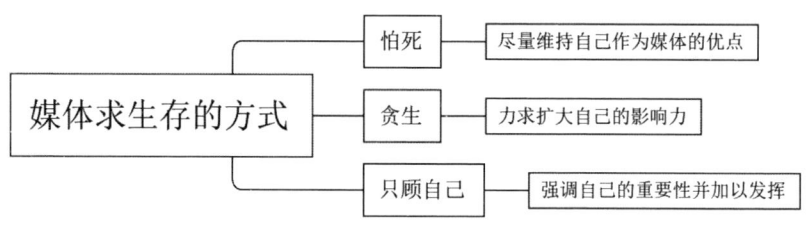

图3-4 媒体求生存的方式

竞争越激烈,媒体越自私,比如,常以"中性,无关善恶"为说辞,掩饰自己为达目的不择手段的真相。媒体自私的表现如图3-5所示。

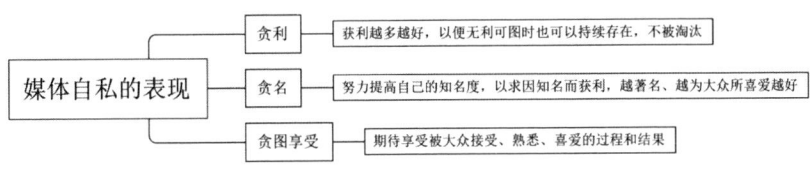

图 3-5 媒体自私的表现

媒体的快乐,有时也建立在刺激、争夺、征占的基础上。媒体求快乐的途径如图 3-6 所示。

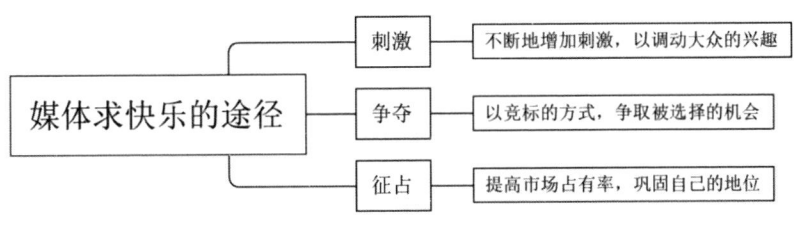

图 3-6 媒体求快乐的途径

既然媒体和人一样有不可避免的弱点,政府严格管制不妥,放任发展也不妥,那么,政府应该如何面对与管理媒体呢?

首先,我们要明白,人性的弱点是人的一部分,而媒体的发展是人类文明进程的一部分,两者都因现代环境的复杂化而越来越复杂化、多样化。

其次,我们要知道,人越来越多,媒体的种类也越来越多,激烈的竞争是免不了的。为求惊世骇俗,部分媒体为了提高自己的生存力,不得不越来越粗俗。

最后,我们要正视一点:人性的弱点,是人的问题;媒体在发展过程中有这样、那样的弱点，同样是人的问题。人越来越多，媒体的种类越来越多、内容越来越粗俗，这都是人的问题。宇宙间的一切，归根结底，都和人有关；所有的问题，总结起来，都是人的问题。

人为万物之灵，却让万物普受其扰，比如，改良品种，让植物、动物乱了阵脚；再如，嗜好美食，将生态网破坏得千疮百孔。

走遍世界，大家会发现，有人就有问题。不同的种族、语言、教育程度、生活习惯、宗教信仰、风土人情，都会导致不同的问题的产生。具体的问题是不同的，但"有问题"这一情况及各种问题导致的后果是类似的。

为什么有人就有问题呢？因为人有不可避免的人性弱点。这些人性弱点被过分利用，当然会产生层出不穷的问题，既增加人类的痛苦，又增加对地球的伤害。

要解决问题，似乎必须从人性的弱点着手，加以合理调整。

接下来，我们讨论如何寻求合理途径，让媒体与其弱点共存，以期能够在媒体快速发展的环境中，适当地因应人性的弱点，合理地使用各种媒体，达到安居乐业的理想境界。

唯有如此，我们对人性的弱点的研究才有意义、有价值。

● 寻求合理途径让媒体与其弱点共存

媒体获得飞速发展前,人们必须按部就班地求名,十年寒窗苦读被视作理所当然。

媒体获得飞速发展后,人们成名的机会大幅增加,除了正规的成名机会,还有许多不正规的成名机会。

媒体报道了许多一举成名的实例,导致很多人处心积虑地寻找一举成名的途径。做一块世界上最大的月饼可以成名,想办法把自己的脚印印在白宫门前可以成名,拿喷筒四处涂鸦也有可能涂出名来。

过去,人们只求成好名、成正名;现在,成恶名好像也是成名的坦途之一。如果过气的电影演员涉嫌家暴,媒体很可能会将其报道得再度名满全国;在法院接受严正质询会获得媒体的青睐,摔杯子、拆麦克风、打别人耳光……也会被媒体渲染得沸沸扬扬。

以学者为例,想通过有所发现、发明成名非常困难,有伪造、假冒、诈骗等行为说不定更容易成名。有丑名、恶名也是成名,而且比美名、正名更大众化、普及化,如果标准不再由政府或少数贤哲制定,大众感兴趣的事物便是媒体争相报道的对象。

人类的历史,自古不乏争名夺利的血泪事实,如今辅以媒体的推波助澜,更是奇事频现,很多人甚至不知廉耻为何物。华尔街大亨在电视上大声疾呼:"贪婪不是罪恶!"他们为自己的贪婪找到了借口，却不知自己的这种行为误导了很多普通人，导致他们不仅一辈子名利俱无，还要接受、承认别人的贪婪不是罪恶。

植物、动物的求生存，终极目标是满足自己的生存需要，人类则不同。人类不仅求生存，还会发展到自私、求快乐的程度——不但要满足自己的生存需要，还要享受生活、获得快乐。

在媒体飞速发展前，富人有富人求快乐的方式，穷人也有自得其乐的方式。关于富人如何求快乐，如何奢侈、享受、浪费，穷人大多一无所知，就算有时会道听途说，也所知有限，多数停留在通过幻想进行揣摩的程度，情绪以羡慕为主，很少达到嫉妒的程度。

如今，媒体飞速发展，对于富人的奢侈、享受、浪费，唯恐描述不细致、报道不详尽，导致很多人在羡慕之余，心生嫉妒，甚至怨恨。

不了解棒球运动的人，并不觉得棒球比赛有什么好看的，但媒体可以有计划地普及棒球运动的相关知识，比如，投手和捕手之间的默契有多重要、外野和内野之间的互补有什么作用、三振出局和全垒打有什么不同，逐渐吸引大众的兴趣、增加对大众的刺激。

在普及相关知识之余，部分媒体还会安排棒球比赛的现场直播，鼓动大众针对比赛结果下赌注。更有甚者，会有意无意地渲染下赌注的紧张、刺激，不断提高刺激的强度。

对争夺进行渲染，媒体也很擅长。足球比赛一向能够吸引大量的观众，与球队荣辱与共的球迷非常多，但这还不够，很多媒体剑走偏锋，不仅会报道比赛情况，还会有意地、一次次地让观众看到球员之间的拉扯、袭击，通过对争夺进行渲染，调动观众的情绪。

争夺升级，便成为征占。伊拉克征占科威特的时候，媒体日夜报道，以致许多地区的居民非常恐慌，大家纷纷猜测自己所在的地区会不会发生类似的情况。

在荧幕上，很多人的征占欲望暴露无遗。过去，军人作战在大多数人的眼中是为了保家卫国，十分神圣，现在，大家越来越多地知道，有些军人会为了满足自己的征占欲望，不惜扩大战争，甚至牺牲自己的伙伴。

我们不能将人类的为非作歹行为完全归罪于媒体的传播和引诱，不过，在媒体扩大传播范围的影响下，很多人得到了学习作恶伎俩的机会是客观现实。

对此，很多媒体的说法是：媒体没有过失，是否会出现问题，关键在于观众获得资讯后如何看待相关行为。

针对媒体传播的信息，观众到底是应该引以为戒，还是应该放心模仿？责任确实应该由观众自负。但是，对心术不正、过去只是不知道应该如何用相关行为满足欲望的人来说，媒体传播的信息就是直观的教材，这些人心领神会后，很可能有违法犯罪的举动，甚至青出于蓝而胜于蓝。

人性的弱点不可避免，媒体的存在也是事实，面对两者的实际存在，我们只能努力寻找一个合理的方法，以期进可攻他人的弱点，退能守自己的弱点，立于不败之地。

古今中外，无论在哪里、哪一时期，"少数人愚弄多数人"的剧目在不断上演。具体而言，少数人会通过看准多数人的人性弱点，明确他们求生存、自私、求快乐的各种欲望，据此设计出各种制度、制定出各种规则，驱使、引诱多数人实行，使之形成习惯——不仅自己饮"狂泉"，还把不饮"狂泉"的人视为疯狂的落后分子。

原始时代，少数人通过看准多数人喜欢"大力士"这一称号的贪名弱点，塑造出了孔武有力、足以力搏野兽的大力士形象。

神权时代，少数人通过看准多数人贪名又贪利的弱点，塑造了一批能通鬼、神的巫者。

君权时代，少数人用名和利捧出了君王。

民权时代，部分别有用心的人可能通过掌握多数人好争夺的人性弱点，引诱大众争得你死我活、头破血流。

网络时代，资讯发达，大众对人性的弱点的利用变本加厉，更加多元化、多样化。

如今，"知识经济"这一概念非常火，要警惕少数人企图以知识之名，愚弄知识储备量有限的多数人，进而掌握经济大权。这些人针对的同样是人性的弱点。

在教育水平有限、知识传播困难的时候，大家认为普及教育、使更多人掌握更多知识是当务之急；在教育水平显著提高、知识传播迅速的如今，大家却想尽办法保护知识产权，强调学习者要进行知识付费，导致很多人不敢传播和应用各类知识。

人类的认知能力是有限的，今天认为正确的知识，很可能过不了多久就被证明是错误的。在这种情况下，什么是值得学习、传播的知识？人们根本弄不清楚。发展知识经济的呼声甚高，但有时只是在证明现代人的浅薄无知。

我们不反对知识经济，因为自古以来，人类的经济发展、生活条件优化大多依赖于知识的更新。不过，过去，大众更重视的是对知识的应用——把知识用在农、林、牧、副、渔等方面，为自己、为大家、为社会谋福利；如今，在某些领域，部分人更重视的似乎是看不见的附加价值——企图在土地、金钱、技术之外，创造一种新奇的价值，让大众心甘情愿地接受愚弄。这样的知识经济的发展，是我们应该辩证地看待、面对的。

第四章 向错走,弱点会成为缺点

人性的优点=合理

人性的缺点=不合理

合理＝合理地求生存＋合理地自私＋合理地求快乐

人性的弱点是优点还是缺点，关键在于是合理还是不合理。

合理与否，取决于采取的策略正确与否。

采取的策略正确，几乎所有的人性弱点都会成为优点；采取的策略不正确，几乎所有的人性弱点都会成为缺点。

采取正确的策略，合理地面对人性的弱点，是可以确保人性的弱点呈现阳性反应，成为优点的。可惜，很多人采取的策略是不正确的，以致人性的弱点经常呈现阴性反应，成为缺点。

从前，有一位国王，有一天做了一个梦后长时间闷闷不乐，命令臣子找人解梦。臣子受命后不敢怠慢，立刻传某甲前来为国王解梦。

某甲诚惶诚恐，专心听国王叙述完梦境后，满面忧愁地说："大王，不好了！您的好朋友将一个一个地离您而去，先行往生！"

国王听罢，越想越悲哀，在又哀又怒的情绪作用下，他下令将某甲斩首示众。

某甲的遭遇让众多解梦人引以为戒：解梦应该特别小心，不能让做梦的人产生负面的心理感受。

为了让国王开心起来，臣子又找了一位解梦人某乙，要求他重新为国王解梦。

某乙知晓某甲的悲惨下场，接到任务后格外谨慎。听国王叙述完梦境后，某乙满脸笑容地说："恭喜大王，贺喜大王！您是比您的所有好朋友都长寿的人！在这里恭祝大王福如东海，寿比南山！"

国王闻言大悦，下令给某乙丰厚的奖赏。

大家应该发现了，某甲和某乙的答案陈述的是同一种情况，但两人采取的策略不同——某甲采取的是负向策略，某乙采取的是正向策略，前者呈现阴性反应，后者呈现阳性反应。

国王拥有生杀大权，某甲和某乙心中都有数，谁也不敢存心欺骗国王。同样是说实话，角度不同，结果截然不同。

基于以上分析，我们可以验证前文的观点：人性的弱点是优点还是缺点，关键在于是合理还是不合理；合理与否，取决于采取的策略正确与否。

本章，我们重点介绍错误的策略。规避本章所述的错误策略，能够尽量避免自己的人性弱点成为缺点，进而降低苦恼不堪、悔恨不休的可能性。

有钱时想自己，无钱时想他人

很多人在有钱的时候只想到个人或者家庭的求生存、自私和求快乐需求，忽视家族、朋友，以及其他人的求生存、自私和求快乐需求，没有钱的时候才想起原来个人和家庭之外还有其他人，要求这些人分享他们的求生存、自私和求快乐经验，引起他人的反感。

贫穷或富有，本来是个人的事，与他人无关。很多人富有时常常只想自己，不顾他人，陷入贫穷后则立刻想起他人，寻求帮助，这才使人性的弱点成为缺点。

有钱时不知孝顺父母、照顾弟妹、帮助朋友，只知贪图个人享受，不仅时常度假、旅游，还到处吹嘘自己吃了什么美食、看了哪些美景、获得了什么新奇事物；等到没有钱的时候，才想起自己的父母、弟妹、朋友，立刻向大家求助，希望能够分享他人的利益。在这种情况下，很容易获得"大家和我一样无情"的结果，不知反省的人甚至会因此有一些得意："幸好我当初及时享受，否则岂不吃亏！"

选择这一错误策略的人，在不同的情况下有不同的想法：富有时看不起穷朋友，认为穷朋友比敌人还可怕——敌人来了，可以逃跑或者和对方对打，穷朋友来了则逃不掉，只能苦心周旋；贫穷时则觉得寻求富有的朋友的帮助是理所应当的——朋友有通财之谊，若不能互相帮忙，算什么朋友？还要朋友干什么？

贫富之间，对待父母、弟妹、朋友的态度截然不同，当然会引起他人相应的互动。可惜的是，大多数人觉察不到自己的不同，总认为自己没有改变，是他人有所变化。

得意时爱炫耀，失意时常诉苦

很多人会在得意时到处炫耀，唯恐他人不知道自己多么得意，而且所用衣饰、所食美食、所乘车辆非常考究，随从众多，经常大声说话，手势与姿态均十分坚定、果决，以凸显自己的得意程度，令人生厌；有朝一日失意时，则到处诉苦，越说越悲伤，希望引起他人的同情。试想，这时候，见识过你得意时炫耀的模样的人会给予同情吗？大概率不会，给予的反应很可能是"活该"！

得意时爱炫耀，具体有哪些表现呢？比如，移民美国后，被身边人问起为什么移民时，立即回答："怕在国内被绑架、勒索。"吓得身边人到处打听这是哪位大人物；在餐馆吃饭寄存衣物时，大声交代："我这件大衣是用高级材料制成的，不要弄脏了、弄皱了。"引得周围人纷纷侧目；在朋友家看到朋友陈列在家里的古董时，必定会说一句："我家里也有一个，比你家的大一点！"让朋友心中不快；听到别人谈论巴黎，立刻插话说自己去过五六次，并装模作样地关心道："你们有没有去听歌剧？巴黎的歌剧是世界一流的，不听太可惜了。我们全家一起去的，好贵哦！"……

有钱，当然可以享受，但是那么得意做什么？

得意、失意，都是自家事，自己处理好即可。炫耀会引起他人的反感，诉苦会惹人厌恶，因为每个人都有人性弱点，很难接受这种刺激。

位尊时耻闻过,位卑时善讨好

地位尊贵时,很多人喜欢听好话,凡歌功颂德的话,一律照单全收,与此对应的是非常讨厌听批评的话,不仅闻过不喜,而且以此为耻,觉得凡公开或背后议论、指摘自己的人,对自己都不算友好。

所谓"耻闻过",说的是闻过即怒的心态。更有甚者,一怒就要报复、就要给人家一点儿颜色看。"老虎不发威,居然把我当病猫",这是很多位尊者的心态——日常一副不可一世的样子,给自己贴上零过失的标签:我什么都有,就是没有过失。

位卑时呢?想到位尊者"耻闻过"的特点,极尽讨好之事,努力奉迎、歌功颂德,以求攻其弱点。位卑时善讨好的具体表现为凡遇事必请示,认为上级的意见一定正确;凡有成绩必退让，认为一切成绩都要归功于上级的英明领导；凡汇报必只报喜不报忧，以免自讨苦吃……

其实，尊卑是相对的，与有无过失没有直接的关系。位尊时应该特别谨慎，力求无过，而非不能被指责；位卑时应该做好合理的服从，力求价值最大化，而非只能言听计从。

如今，在部分情境中，有一种奇怪的现象：位尊者说的话，无论对错，都必须服从；位卑者的想法，不管有无道理，都不能贸然说出。真理让位于职位、地位，难怪人性的弱点会成为缺点。

势强时欺侮人，势弱时很隐忍

形势对自己有利时，很多人会仗势欺人，给他人难堪，甚至说出"我就这样，你愿意接受就接受，不愿意接受就算了，不过你要想清楚后果，不要敬酒不吃吃罚酒！"等话。

在求生存的过程中，必须造势、仗势，这无可厚非。但有势可仗时，无节制地追求自己的欲望的满足，将自己的快乐建立在他人的痛苦上，甚至对他人的生存造成威胁，很可能引起他人的抗拒、反扑，对自己不利。

形势是会逆转的，势强时喜欢欺侮他人的人失势后，很可能因非常了解欺侮他人的势强者的心态而特别能隐忍，处处忍气吞声。

所谓"大丈夫能屈能伸"，指的是应该忍耐的时候必须忍耐，应该挺身而出、承担重大责任的时候必须当仁不让，而非在有机可乘时仗势扩大自己的势力，在失势时委曲求全地尽全力压制自己。

体健时不爱惜，体衰时依赖人

身体健康的时候，很多人不觉得健康很珍贵，因而不知节制，肆意损毁自己的健康。比如，仗着年轻力壮，刚跑完一千米就猛喝凉水，不仅如此，还要把剩下的凉水浇在头上，以求一时舒服。再如，白天忙碌不已，晚上还要参加应酬，饮酒无度。又如，面对体育比赛，平日不锻炼，临期时猛练，导致手、脚受伤，不得不放弃比赛。

面对年长者的劝告，很多年轻人觉得不必担心，因为自己身体好、撑得住、没问题，殊不知身体健康是无价的财富，等到失去了，会追悔莫及。

损毁自己的健康的人似乎都有正当的理由，比如为了家庭、为了工作、为了生活，他人很难阻止。但有些借口是很可笑的，比如"反正总有一天会衰老，趁着年轻，健康的身体不用白不用"。

体健时不爱惜自己身体的人，失去健康后通常会有很多推脱责任的借口，比如，"不是我不愿意干重活，是身体承受不了""想当年，我身体健壮时，这些事情算什么？现在我身体不好，这些费力的事就应该由身体比我好的你来做""你不但要做好自己的工作，还要协助我完成我的工作，因为我做起来很吃力""我不靠你靠谁？谁叫你的身体比我好"。

在拥有健康的身体时不知爱惜，失去健康后毫不愧疚地依赖他人。面对这种人，大家心中都有数，想必是不愿意理会的。

注意，体衰的人不全是体健时不爱惜自己身体的人，面对有先天性残疾或者先天体弱的人，大家应当适时施以援手。

年轻时显聪明，年老时逞固执

很多年轻人自认为很聪明，也期待他人称赞自己聪明。

耳聪目明，好像是为年轻人而设的形容词。这些聪明的年轻人往往自视甚高，乐意显露自己的聪明，并时刻抓住机会表现自己的不同凡响。

"你看，我一眼就能看穿他的阴谋！"

这句话的潜台词是："你看，我够聪明吧！"

"从小，父母、老师就说我聪明，其实我并不觉得自己有什么过人之处，不过是脑筋转得快一点儿而已。"

这句话的潜台词是："我从小就聪明，这是身边人认证过的！"

反应敏捷、古灵精怪、眼光独到……这都是年轻人引以为傲的特点，目的在于表现自己聪明过人。

随着年龄的增长，人的生活经验、工作经验会越来越丰富。

很多老年人很喜欢说"我走过的桥比你走过的路还要多"这句话，其实是爱炫耀资历的表现。这样的人不但会固执己见，而且会到处逞能，致力于向所有人说明自己的见解多有道理。

"这种事情，我看过太多，自己也亲身经历过，只有这一种解决方法，其他方法都行不通！"

"老先生，您何必如此固执呢？"

"我固执？我从来不固执！如果没有相关经验，我根本不会发表意见！我是在帮助你们，不是固执，你不要瞎说！"

其实，聪明的人通常不固执，固执的人通常不聪明。年轻时显聪明，年老时逞固执，这原本是在彰显、证明自己强大的生存能力，但将聪明和经验用错了地方，很容易适得其反，让年轻时的聪明和年老时的固执成为自己求生存的障碍。

前进时得罪人，后退时不助人

很多人努力前进时，觉得自己精力有限，顾不了许多，得罪人就得罪人了，以后再想办法补救。这样的人，其实很难获得自己想象中的补救机会，因为前进的路很长，不得不前进时、前进得相当顺利时，都是前进得越快越好，在急速前进的过程中，很容易不断地得罪他人，久而久之，可能会产生一种错觉：得罪人是应该的、无可避免的。

在工作过程中得罪人，影响的可能不仅是当下的工作。一项工作得罪一个人，十项工作就可能得罪十个人，得罪的人多了，自己的后续工作需要面对的阻力会越来越大，以致难以推进、有力气却使不出来。

工作中，这样的人很常见：不但无法兼顾做人与做事，而且两者有频繁冲突的可能。工作时以事为重，把人摆在次要位置，强调对事不对人，工作完成后才惊觉事情已经过去，人与人之间的相处仍在继续，此时虽有心补救，却十分困难。

后退时呢？后退时，多是不顺利时，只顾自己已经很费力了，哪里有精力去帮助他人？结果，应助未助的人很可能怀恨在心，事后如何解释都无济于事。

如果前进时得罪的人、后退时未助的人与我们"不是冤家不聚头"，成为我们的同事或上司，则更让人头疼，因为我们不理他，他也会来找我们，想逃都逃不掉。

进、退均乃人生常态，如果进会得罪人，退也会得罪人，岂不是进退两难？在这种情况下，人性的弱点势必会成为缺点。

为主时立威严，附从时爱逢迎

工作中，为求彼此配合，常常需要分出主从。哪怕是在人人平等的社会中，也需要有人扮演主导的角色，有人扮演随从、依附的角色，才能够顺畅地分工合作、彼此协调。如果人人都自视为主，不随从、附和他人，恐怕连基础的沟通、合作都有困难，工作是难以推进的。

为主的时候，很多人的心态是既然以我为主，我就应该有主事者、主持人的样子。为求统一步调，令众人有所遵循，这些为主者常自己拿主意、做决策，以增强个人的统驭力量。

立威严可以满足自己怕死、贪生、只顾自己的生存欲望，却很容易给求生存的他人带去很大的生存压力。在无可奈何的情况下，他人可能会密切配合，并表现得十分乐意，一旦情况改变，为主者的威严遭受挑战，大家可能会立刻换一副面孔，或冷漠，或愤怒，让曾经的为主者很难应对。

随从、依附他人时，为了求生存、获取赏识和信任，很多人会设法收集情报，打听上司的喜好，用处处逢迎的方法利用上司贪利、贪名、贪图享受的人性弱点。虽然不是人人都喜欢逢迎、打小报告，但是轮到自己有表现机会时，多数人会以"大家都如此，我何必拒绝"为借口，实施这种行为，并且认为风气如此，自己做的没有错。

立威严和爱逢迎是经常配合出现的主从态度，所有人都应该积极地检讨自己，而非纯粹地责怪他人。只可惜，如今，大多数人依然会选择采取这种短期似乎有利、长期必然不利的策略。

施舍时很小气，受益后易忘记

给他人以施舍时，大多数人一方面觉得很快乐，另一方面认为对方会很感恩、很满意。在这两种心态的作用下，施舍者常把施舍出去的小的利益看得很大、把短暂的施舍看作长久的支持，以致给他人一点点儿好处，就要折磨对方很久；让他人占一点点便宜，就想着对方能永远铭记在心。

这样的人，往往会在不断回忆的过程中放大自己给予他人的施舍的效果，并将受施者日后的成就与自己的施舍紧密联系——

"要不是我那年及时拉他一把，他做梦都不敢想自己会有如今的成就！"

"紧要关头，就差一把劲儿。你看，他在我的帮助下恢复元气后,整个人的精气神都变了!"

……

受施者呢?很多人接受了他人的施舍后,不但容易淡忘,而且经常把大看成小、把多记成少,觉得那点施舍是无关紧要的,自己受施,只是不好意思拒绝对方的好意而已。

"不过是一点点帮助,对我来说没那么重要。不过,多少是人家的好意,不接受好像是看不起人家。我接受那些帮助,不过是想给对方一些面子。"

"你以为他是在帮助我?其实他是在帮助他自己!我表现得好,他也有功劳,这才会帮助我。"

……

忘记他人的施舍/帮助,才能卸下人情包袱,生存得更轻松。这是受益后易忘记的底层逻辑。

施受之间,站位不同,想法就不同。施舍时很小气,受益后易忘记,在这种情况下,人性的弱点很难不成为缺点。

有理时不饶人,犯错时常辩解

不少人经历过"有理不饶人/得理不饶人"的时刻——有理还被误解,怎能轻易地善罢甘休?得理时不乘胜追击,更待何时?

有理的人,不仅会在对峙的时刻理直气壮地辩论,还会在事过境迁后有意无意地多次提及,抓住各种机会使对方难堪。

有理时不饶人的人常说的话如下。

"你记得你那次犯错的经历吗?你说了半天,结果被证实全是错的。这次,你还敢发表意见?"

"想想3年前发生的那件事吧,你做错了却不承认,为了帮你收拾烂摊子,所有人忙得天翻地覆。这次,你要重蹈覆辙吗?"

……

有理时不饶人的人，自己犯错时比一般人更会辩解。

面对错误，很多人是不愿意承认的，很喜欢辩解，给自己找台阶。

用于辩解的说辞很多，如下。

我这样做看起来不妥，其实是有深层用意的：用反面的做法，激起他正面的反应。如果不是这样，他永远不知道这样做会产生如此严重的后果。现在好了，他有了经验，以后就不会再犯同样的错误了。

面对这样有修养的人，我能够说些什么呢？怎么说都显得自己没有修养。既然如此，我两害相权取其轻，选择犯一个比较小的错误，暗示他进行改善。

……

在这些人口中，凡是做错的事，都是有做错的理由的，不但理由正当，而且确有必要，只是你不是我，不了解我的处境和苦衷。

有理时不饶人，犯错时常辩解，在这种情况下，人性的弱点几乎全部成为缺点。

选择错误的策略，
不乏自圆其说的理由

人们在选择了错误的策略后，总是能够提出很多自圆其说的理由，来支撑自己的选择。举例如下。

现在人心变坏，根本不知道什么叫感恩，有时候连感谢都没有。有钱的时候只顾自己，没钱了则想到要与他人联系、向他人求助，谁会有福同享、有难同当？还不是大难来时各自飞！

人生不如意之事十有八九，好不容易遇到一些让自己很得意的事情，不抓住机会炫耀一番，不是对自己太苛刻了吗？至于别人的感受，管那么多干什么？如果那些人遇到值得炫耀的事情，也会炫耀的，又不是只有我这样做。只要自己快乐，有什么不可以？

地位尊贵时，当然不能随便认错。想想看，如果一位领导常常认错，他的下属会看得起他吗？职位低的人认错很容易获得原谅，职位高的人，最好慎重认错。

正所谓"三十年河东，三十年河西，风水轮流转"，形势是会逆转的！形势有利的时候，如果不趁势给身边人一点儿颜色看，身边人怎么会觉得我们强大呢？俗话说："老虎不发威，当我是病猫。"可见有威要发，有势要用，身边人才会佩服我们，不敢随便提意见。

人有生便有死，身体会自然磨伤、受损，老了就不堪大用了。如果不趁着年轻、体力好，多找一些刺激，年纪大了，就没有这样的能力了。体力是留不住的，就好像多余的营养迟早会排泄掉，不用白不用，不玩白不玩，免得浪费。

年轻人，没有太高的社会地位，也谈不上有声望，如果不多找机会证明自己聪明过人，怎么引人注目呢？

年纪大的人经验丰富，多数事情听到开头就可以推测结果，这不是固执，而是有先见之明，多少年修来的经验，相当难得。

这是一个处处需要竞争的时代，任何人要前进，都免不了要超过一些人、得罪一些人，这是无可奈何的事，根本避免不了。

如果一时不顺、不断后退，自己都顾不过来了，哪里还有精力帮助别人？这时候帮助别人，不但是不自量力的行为，还很有可能激怒被帮助的人——让对方觉得我们把他看得比自己还倒霉、还可怜，导致对方非常不高兴。

为主时，如果没有威严，大家很容易没大没小，甚至爬到为主的人头上胡作非为。古人不是说要恩威并济吗？只讲施恩，没有威严，会显得太软弱。

做附从时，不逢迎为主的人，很难得到为主的人的信任，一辈子在外围，无法进入核心圈，就算有本事也无处施展。

为什么要施舍他人？为什么被施舍的人不自己努力？不是说"天助自助者"吗？连老天爷都不帮助那些不自助的人，我们为什么要施舍他们？

一接受别人的帮助便谨记在心，心理上岂不是要承受很大的压力？大家都忘掉，彼此都轻松一些，不是更好吗？

人与人相处，讲究一个"理"字。中国人常说："有理走遍天下，无理寸步难行。"有理的人气壮，当然不能轻易饶人，不然永远是非不明。

犯了错，自己心里明白就可以了，为什么一定要坦白承认呢？找一些理由，替自己辩解一下，至少可以证明自己不是存心的。

读过以上理由，大家是不是觉得选择采取本章提到的这些策略是情有可原的？这样做的人太多了，导致我们觉得这样做也无可厚非。不过，如果这样做的人越来越多，所有的人性弱点都会慢慢成为缺点，这对我们来说是不利的，或者说，短期内好像对我们有利，长期看，是弊大于利的。

第五章 向对走,弱点会成为优点

有人说，很多人有双重性格：有时候喜欢融入热闹的人群，有时候却渴望独处；有时候希望自己成为大众焦点，有时候却恨不得"隐身"……

其实，几乎所有人、所有事都是如此，都有一体两面。

人性的弱点也不例外。同样是求生存，如果采取的策略是错误的，这一弱点会成为缺点；如果采取的策略是正确的，这一弱点则会成为优点。有时成为缺点，有时成为优点，这一不确定性，让策略的选择变得尤为重要。

正确的策略很多，针对关键变项，如贫富、得失、尊卑、强弱、健衰、老少、进退、主从、施受、正误，明确原则，合理施行即可。

"很快就要放长假了，咱们计划一下，出去旅游吧？"王先生征求太太的意见。最近秋高气爽，是出门旅游的好时机。

"放长假时会有很多人出门旅游，人多、车多，去凑什么热闹？"王太太的顾虑不是没有道理的，数次疲惫的旅游经历，提醒着她长假时出门旅游的结果往往是精疲力竭。

"那我们这个长假就留在家里休息好了！"王先生从善如流地说。

"在家里休息？那多无聊！"没想到，王太太依然不满意。

王太太说的话都是对的，王先生难以反驳，且一时想不出两全其美的计划，便反问太太道："那你计划怎么过这个长假？"

王太太不假思索地脱口而出："你想啊，问我干什么？"

"我说什么你都不赞成，我只能问你了。"王先生有一点儿委屈，他不清楚太太的用意，左右为难，拿不定主意。

"我的回答并不代表我不赞成你的计划。我只是提出可能存在的问题，让你考虑周全！"王太太说。

"你这样泼冷水，让我不想管长假计划这件事情了！我看干脆由你决定吧，我没有任何意见！"王先生赌气道。

"泼冷水才能够让你清醒一些、考虑得周全一些。你现在说由我决定，你没有任何意见，不过是说说而已。如果我真的制订了长假计划，你一定会提出各种意见，和我刚才的表现一模一样，你相不相信？"王太太说。

"好像真的是这样……"王先生想了想，有些无奈，"实在是很矛盾，每次都如此……"

面对同一件事情，不同的人会有不同的看法。有的人，如案例中的王太太，认为自己熟知人性的弱点，殊不知在不知不觉中走向了另一个极端，依然将自己的人性弱点变成了缺点。实际上，对待人性的弱点，把错误的策略倒转过来便会成为正确的策略。本章，我们详细介绍正确的策略。

有钱时想他人，无钱时想自己

富有的时候，可以享受许多能用金钱买到的快乐，却也会同时感受到很多金钱带来的烦恼。比如，出入不自由，需要雇用私人保镖；择友不自由，需要谨防交到窥伺自己财富的损友；为了力保财富，有时不得不牺牲与家人共处的温暖与悠闲。

这时候，多想想别人，多帮帮别人，相关的烦恼也许会减少很多。

很多人认为陌生人比熟悉的人可怕，因此会将更多的防备心、防备措施指向陌生人、不属于自己家庭的外人。其实，熟悉的人比陌生人更了解我们，更容易找到能够向我们下手的有利的时机和地点，令人防不胜防。

据统计，谋财害命的凶手大多是受害者熟悉的人，俗称"内贼"。富有的时候，要多想想、多帮帮自己的亲戚、朋友，这是防范内贼作乱的有效方法。

有钱的人要记住，舍得花小钱，才能免去需要花大钱的灾难。

很多舍不得花小钱的有钱人常理直气壮地说："我的钱都是自己费尽心血赚来的，既不是祖先留下的，又不是偷来的、抢来的，为什么要给别人花？"对这样的人来说，直到有一天吃了大亏，众叛亲离，才会领悟到：不管钱是怎么来的，多少跟身边人分享一些是没错的，因为他们是你的亲戚、朋友，是可能在你落难时拉你一把的人。只是，领悟到这一点时恐怕已经太晚了、难以挽回了。

没有钱的时候，人反而要认定"人应该靠自己，不要总是想着依靠他人"，尤其不应该有不劳而获的念头。亲戚、朋友可以救急，不能救穷——偶尔需要周转一下，解燃眉之急，或许有人会同情你、帮助你，但要想找到一个长期援助你，甚至养你一辈子的人，基本不可能。

长大以后，就应该独立、自主，不能有太强的依赖性。

为什么同样是在工作，自己如此穷困？如何改变这一点？经常如此反思，才不会将希望寄托在他人身上，更不会因失望而怀恨在心，甚至萌生恶念。

如果有幸在没钱时得到亲朋好友的帮助，一定要心存感激，不要得寸进尺，否则容易恩变成仇，反而对自己有害。

总之，有钱时多想想别人、多帮帮别人，才会既懂得如何赚钱，又懂得如何花钱，不会沦为金钱的奴隶，甚至因金钱而被害；没钱时多反省自己，才能及早纠偏，重新出发，拥有健康、积极、乐观的人生。

做人要不卑不亢、不怨天尤人、不自怜、不厚颜，否则，为了生存，自怜、自叹、自卑，再加上厚颜无耻，什么卑鄙、龌龊的事情都做得出来。

得意时不炫耀，失意时不诉苦

得意的时候，要谨防失意的人对自己有嫉妒心、不平心，甚至去除心。

得意的人，哪怕不炫耀，对失意的人来说也是一种让人不舒服的存在，如果再不断炫耀自己的财富、吹嘘自己的本事、夸大自己的成绩，岂不令失意的人更加难过、不忿？

做事顺利，不要自夸能力强，要说自己是运气好，这样不会对他人的生存构成威胁；夫妻相处得好，不要说衣食富足、万事无忧，要说自己是碰到了正缘，大家听了会比较舒心。

虚假的喜怒不形于色，是戴上了一副面具；发自内心地希望不刺激他人，才是真的不炫耀。

不与失败的人谈论自己的成功，不向失意的人炫耀自己的得意之事，这是涵养，是谦虚、憨厚的表现。人可以有几位能够分享快乐的至亲好友，但在这几位至亲好友之外，面对任何人，都最好有所保留，不要肆意炫耀，以免惹人讨厌、招人妒忌，在不知不觉中埋下祸根。

失意的时候，一定要自我克制，不要到处诉苦。

对身边的人诉苦，就算是至亲好友，听多了也会厌烦，何况是一般朋友？大多数诉苦只会被人取笑，多说无益。

失意的时候，最重要的是情绪稳定，先冷静地检讨一番，再痛定思痛、反省、觉悟，以便重新出发，转而走上通向成功的大道。失意的时候不仅要学会忍耐，还要对自己有坚定的信心——忍耐众人的推三阻四和虚情假意，坚信自己有东山再起的一天。

得意时不炫耀，失意时不诉苦，把得失看作人生的经历，而非最终的结果，心态会更加平和。要想使得意长久、失意逆转，需要有涵养、有实力，且不随便崭露锋芒。能隐人所不能隐、藏人所不能藏，方成大器。

位尊时不狂妄，位卑时不讨好

职位尊贵、手握大权的时候，很多人容易进入狂妄的状态，认为自己一言九鼎，身边人应该绝对服从。这样的人，不妨多看看历代枭雄的故事。

很多可被称为枭雄的人在世时，大家都怕他、惧他，把他的指示奉为真理，而一旦他过世，他所说的话，大多会被后人推翻。

历代的官方记载无不尽力为统治者歌功颂德，但时过境迁、改朝换代后，多方粉饰的谎言大多落得被揭穿的下场。位尊时为自己立铜像，将来才有被推倒的机会；位尊时到处题字，将来才有被抹去的可能。凡是自认为了不起、可以一言为天下法的念头，都是狂妄的、不持久的，不足为法。

位尊的人必须自我警惕，抱着"我不是神，也会犯错"的态度，虚心听取大众的批评，客观、冷静地思考大众的意见，以求下情得以上达，获得集思广益的良好效果。

对应位尊时不狂妄的是位卑时不讨好。位卑时，必须用不讨好的态度工作，以求获得上司的赏识与信任。很多人会犯的错误是认为上司最喜欢听话、迅速执行、不提任何反对意见的下属，在这种认知的影响下去刻意逢迎、讨好上司，很容易害了上司，让其因盲目自信而失去准确的判断力、指导力。

上下级是互相影响的，上司徇私舞弊，背后往往有下属过分配合的原因；下属养成逢迎、讨好的习惯，上司的暗示与默许难辞其咎。

位尊时不狂妄，位卑时不讨好，上下级才能合理互动、秉公行事。

势强时多助人,势弱时懂自持

势强时,不但不应该仗势欺人,还应该趁势助人。

注意,助人助的是需要帮助的人,不是对自己有利的人。需要帮助的人中,能够借势自助的人更值得被帮助。

有势时不借势,等于势没有发挥作用;有势时仗势欺人,则会作茧自缚,最终自作自受。

助人的时候,最好不要让对方感觉到压力,对方才会长久地与我们互动。如果在助人的时候给予对方很大的压力,对方很可能会拒绝接受帮助,甚至心生反感。对势强者来说,这是弄巧成拙、很难得到良好回应的不利局面。

帮助应该得到帮助的人,何必要给对方压力,甚至强求对方谨记在心?

势强时，将势用得正当为造福，将势用得不正当为造孽，是造福还是造孽，在自己的一念之间，岂能不特别警惕？

在形势不利的时候，人很容易违背原则，有自己都不敢相信自己会有的举动。虽然说人在屋檐下，不得不低头，但是有强大的自持能力是很重要的，能不能顺利跨过势弱的阶段，与势弱者平日的修养强相关。

俗话说："好死不如赖活着。"这是势弱时在忍受万般委屈的情况下的一种生死观。

蝼蚁尚且偷生，何况是人？

当年，司马迁受宫刑后，忍辱负重，才最终完成《史记》，流芳千古。

身体受折磨、行动受限制、有志不能伸、想做不能做……种种负面情境，都可以忍耐，且都应该忍耐，但若过分违背自己的原则，使自己的良心不得安宁，就应该宁死不屈、奋战到底。有时候，坚持原则、不屈于形势的人，反而会赢得大众的敬佩，从而帮助自己脱离困境。

体健时会爱惜,体衰时多锻炼

身体的健壮或衰弱,有时是由先天条件决定的。若先天不足,个人是无法自主的。不过,大多数时候,后天的调养与锻炼有助于弥补先天的不足,甚至将缺陷变成特长。

健壮的时候,最重要的是爱惜自己的身体,不要肆意损毁自己的健康。

怕死、贪生是人性,但很多人到了紧要关头才会提高警惕、张皇失措。其实,既然怕死、贪生,就应该在日常生活中养成良好的起居习惯——求名、求利时,要时刻提醒自己,若获得盛名、厚利的代价是失去生命或健康,十分不值得;追求刺激、快乐时,需要谨记:以不损毁身体健康为前提,不宜使用不正当的方法,不宜过分冒险。

体衰的时候，最重要的是不要灰心丧气，甚至自暴自弃，必须先鼓起勇气、坚定信心，再有计划、有方法地勤加锻炼。若锻炼方法正确，且能持之以恒，必然可以拥有越来越强健的身体。

在坚持锻炼身体的同时，体衰者还要关注心理健康。

有病及时就医，诊治、服药后，不要自困于过去的病症。建立信心，不断地使用各种方法暗示自己、鼓励自己，才能更好地生活。

年轻时较谦恭,年老时不固执

年轻的时候,要特别谦虚,对人恭敬有礼。

学识很重要,经验也很重要。虽然科学技术日新月异,越年轻的人,接触、掌握的知识越新颖,但是社会、政治、教育、历史等学科的知识是需要通过长时间历练与思考掌握的,经验的累积很重要,年长者更加擅长。

年长者大多稳重、含蓄、慎言,不像年轻人,有话就说、有意见就发表。年轻人必须谦恭有礼地虚心请教,有真才实学的年长者才愿意将自己的经验吐露一二。越有诚意的年轻人,越有机会得到教诲与指导。很多年轻人看不起年长者,导致常常把握不好请教的良机,如身入宝山却空手而还,非常可惜。

很多年轻人有好表现的问题,随时随地、不分场合地显露自己的才能，以致很快就露光了、泄底了，越交往越令人失望。

人总有年老的时候，年老不是任何人的问题，而是所有人的未来。在环境持续改善、医疗卫生水平持续提高的情况下，人口寿命在增长，老年人的比例在提高。对老年人来说，最常见的问题是喜欢固执己见——依托自己丰富的人生经历，轻易否定崭新的变化，成为革新阻碍。

时代在不断变化，身处其中的人的习惯、思想应该不断调整、进步，才能不为时代所淘汰。因此，年长者最好时刻提醒自己：不要固执，用客观的眼光看待不断变化的环境，及时、合理地调整自己的状态，才能随着时代进步。

年轻人要谦恭，年长者忌固执，这是不同年龄的人应对社会发展的因应策略之一。

不同时代的人有不同的成长背景和经历，最好彼此尊重，切忌强求他人与自己有同样的感受和观点。

前进时想退路，后退时能助人

人在前进的时候，很可能只看前路，不看来路，且前进得越顺利，越不会瞻前顾后，以致经常在有意、无意间得罪很多人。

一般而言，对于前进中的人，大家的忍耐度会比较高，被惊动时能闪开则闪开，让前进中的人感觉不到太大的阻力。但这种情况不是一以贯之的，一旦前进告一段落，我们很可能会发现，各方面的破坏力量开始起作用：之前闪开的那些人，会迅速回到我们身边，给我们制造各种阻力。想规避这种情况，需要在前进时考虑得更加周到，提前设想退路，防患于未然。

俗话说："上台容易下台难。"因此，最好上台时就想好如何顺利下台。很多年长者总结出了一条经验，饱含智慧：上台靠机会，下台靠艺术（下台靠智慧）。这告诉我们，在上台的过程中，要时常揣摩：怎么做才能够既保质保量地完成工作，又不得罪人。

如何兼顾做事和做人，是每个人都需要认真思考的。

后退的时候，多数人自身难保，哪里有余力关注如何助人？于是，后退时能助人的人非常少。事过境迁后，有些人发现自己能助却未助的人是有能力帮助自己的人，这才后悔当时没有伸出援手，但已经无济于事了。

工作中，后退时对自己身边同样处境不佳的伙伴不管不问，大家一定会觉得心寒。因此，后退时再困难，也应该尽力帮助身边人，做到有难同当，这样，将来东山再起时，大家才有可能鼎力支持你。

前进时想好退路，后退时不丧失东山再起的信心与决心，才能自然进退，不致一蹶不振。

为主时不苛刻，附从时不逢迎

周成王元年，三监之乱初平。

周公旦摄政，将长子伯禽封于曲阜，建立鲁国，镇守东方，抵御东夷。

临行前夜，周公旦反复对长子伯禽强调了4个治国原则：第一，不要疏忽亲族；第二，不要忽视重臣对自己的不满；第三，不要轻易抛弃故旧；第四，不要期待以一人之力解决所有问题。

伯禽依循四诫，使鲁国终成礼仪之邦。数百年后，孔子犹叹："周礼尽在鲁矣！"

由此可见，为主的时候，尽量不要苛刻待人；面对朋友，就算对方有什么过错，只要没有明显的背叛行为，最好不要轻易抛弃对方。

小小的恩惠，有时会得到巨大的回报；小小的疏忽，有时会遭受狠毒的报复。为主的人，最好明确了解不同的人面对同一件事可能有的不同的感受，这样才能准确判断他人的需求，合理地处理所有事项。在态度上，为主的人需要注意，最好不要过分严厉，这样才能力促下情上达、顺畅沟通、彼此了解。

附从者需要注意，附从时不可盲目顺从，因为"乖乖牌"终将拖垮为主者。

附从者最好的态度是不卑不亢地、合理地服从，面对不合理的部分，应该据理力争，有几分把握，便做几分坚持。

一个人的靠谱程度、工作能力，与其据理力争、合理坚持的程度有关。毫不坚持，约等于不用心、不负责任；盲目坚持，是刚愎自用的代名词，很难与他人进行良好合作；只有合理坚持，才是附从者应有的态度。

如果附从者不善于领会为主者的意图，双方很难建立默契，不容易把事情办好；如果附从者常过分猜测、顺从为主者的意图，很容易在会错意或为主者决策错误的情况下有错误的行为，招致失败。其中的度很难把握。

为主时宽宏大量，附从的人才会尽心尽力；附从时既不过分张扬，又不过分逢迎，合理地坚持自己的意见，才能更好地配合为主者，获得为主者的信赖。

施舍时能舍得，受益后会感谢

人生在世，过去和现在接续，现在和未来接续，永远不会间断。

现在的种种，肇因于过去；未来的发展，奠基在今日。有余力施舍的时候要舍得，且最好不要给受施者过大的压力，以免导致对方不但不感谢，反而恩将仇报。具体而言，施舍时，不仅要有不图回报的态度，还要谨防在举止、言语方面伤害对方，尤其注意，不要让对方感觉不被尊重。

施舍的对象，除了亲朋好友，还可以有需要帮助的陌生人。

施舍时，最好由亲及疏，以免招来亲友的不满。

施舍后，应主动忘记、不再提及，因为人情不讨，永远存在；人情一讨，就不复存在了。

量力而为、慎重处理、过后即忘，这是施舍的三大原则，缺一不可。人们常说："助人不如助虫。"说的是助虫不会产生不良后果，助人则有风险——被助者可能会因觉得被轻视、被低看一眼而怀恨在心、伺机报复。因此，施舍时、助人时，必须慎重。

受益后，应该感恩，不能存有"这是我应得的"等想法，甚至因欲求不足而心生不满。

虽说前文建议施舍者完成施舍行为后主动忘记、不再提及，但从受益者的角度说，受益后，应该谨记在心，即使无力回报，也要带着感恩之心，时常为施舍者祈福、求平安。

人与人之间，有很多借贷、偿还的平衡活动，只要不赖皮，就不必羞耻。人有群居的特点，社会联结密切，从亲朋好友那里获得恩惠后，只要能够合理地偿还或报答，就没有必要觉得惭愧。

给人好处后，忘掉它；受人好处后，谨记并力求回报。施受之间，以善心为媒介，即为善有善报。

有理时能恕人，犯错时懂坦诚

据理力争常见于法庭等正式场合：既然已提起诉讼，自然无人情可言。

一般情况下，大家的交往以理直气和为宜，因为祸从口出，气壮时所说的话大多不如气和时所说的话圆满，容易伤和气、埋下惹人怨恨的恶因。

大家需要记住：打人不打脸，骂人不揭短，即使理直，也要留些余地，以免把对方逼急了，对自己不利。

得理不饶人，不如有理时能够宽恕他人。给他人一条生路，总比将其逼上绝路好。每个人都需要生存、都在求生存，退一步海阔天空，更能各得其所。

把情理摆在法理之前，讲究的是由情入理。这时候，要将不伤感情列为优先考虑条件——在不伤害对方的情况下把道理说清楚，要气和，不要气壮。

说清楚道理后，最好适可而止，不要无底线地"乘胜追击"。记住，不痛打落水狗，狗急跳墙的概率更小。

犯错后，最好的处理方法是坦诚地认错。人非圣贤，孰能无过？能够及时反思，日后不再犯同样的错误，已经十分难得，如果能举一反三，类似的错误都能有意识地规避，就更好了。因此，犯错并不可怕，一而再，再而三地犯同样的错才可怕，甚至可以说是令人痛恨。

坦诚地认错后，最好主动诚恳地设法补救，因为有时口头上的道歉不足以平复对方的气愤。轻飘飘的一句"对不起"会显得很没有诚意，加上一些行动上的表示，真正地对自己的过失负责，效果会好很多。

总之，最好不要犯错，不小心犯错后，应该一边向对方道歉并勇敢地承认错误，一边用心想办法，给予实际的补救。

天下的事，都是公说公有理，婆说婆有理，见仁见智的。两种策略，一正一反，不管选择哪种，都可以找出许多支持的理由，说得头头是道、井井有条。君子有君子之道，小人有小人之道，虽然不同，但都是生存之道。

建议大家在刚开始与新结识的人相处时就认真地观察、分辨对方的本性，以便相互熟悉后可以根据事情的性质，因时、因人、因地制宜。这种具体问题具体分析的社交选择，并非生于偏见或成见，而是合理的"不公平做法"，合乎中道。

常言道："害人之心不可有，防人之心不可无。"我们要在害人与防人之间，找到一条恰到好处的路。

选择正确的策略，依据更加充分

我们在第四章提到，人们在选择了错误的策略后，总是能够提出很多自圆其说的理由来支撑自己的选择。与之相比，选择了正确策略的人，依据更加充分，举例如下。

没有钱帮助别人，说起来自己也会觉得不光彩——怎么会混到这种地步呢？连帮助别人的能力都没有！有这种想法的人，大多会选择在有钱的时候多想想别人、多帮帮别人，以便日后回想起来时不会觉得有失于人。

没有钱的时候，要谨记"人穷志不穷"。只要善于反省自己、调整自己，总有一天会东山再起。

得意的时候，千万不要忘形，以免招致不良后果。

失意的时候，千万不要怨天尤人。绝口不提失意的痛苦，更容易迅速振作、从头开始，努力证明失败乃成功之母。

面对失败，合理反应，有助于走向成功；面对成功，反应过当，则有可能走向失败。

位尊时，是大家重点关注的对象，稍有不慎，很容易被人抓住把柄，实在危险。这时候，必须谦虚、谨慎，不要随便地发表意见、轻率地作决定。

位卑时，越刻意地讨好上司，越容易获得上司与同事的轻视。人的职位有高低，但人格平等，用不着讨好任何人。大家互相尊重，才能充分配合，扮演好各自的角色、做好各自的工作。

势强时不助人，约等于无势。因此，势强时最好多多助人、广结善缘，以便成就更大的事业。

势弱时，不要埋怨他人的忽视，也不要责怪他人的落井下石，应该看开一些。人情世故，本来就有冷有热，放低姿态更有助于顺利地渡过难关。

体健时，要明白岁月不饶人的道理，趁早爱惜、保养身体，以便延长寿命。养生之道，必须在体健时开始关注，不能得病后才奢求用其救急。

体衰时，要学会进行积极的心理建设，摒弃慌张、焦急、忧虑、恐惧、怨恨等负面情绪，安心调养，坚定生存意志，以便更好地克服困难、走出困境。

年轻时，经验不足、阅历尚浅，应谨防自以为是，以免因经不起考验而贻笑大方。正所谓"山外有山，人外有人"，谦虚一些，踏实一些，多多学习才能不断进步。

随着年龄渐长，要尽力跟上时代的脚步，不应囿于以往的经验。不断调整自己，客观地判断新事物的优劣，才不致老后成贼，令人看不起。

前进时应该关注自己有无退路，因为只看前不看后，一旦面临山穷水尽的境况，很容易进退两难、痛苦万分。一路向前，不留意其他人的做法，经常导致我们在无意间得罪他人，埋下祸根。

后退时一心一意地求解脱，不顾同伴的死活，同样容易得罪人。风平浪静后，若有同伴伺机报复，也许将面临新一轮风暴。

因此，前进时要留意退路，后退时要关注共患难的同伴，才不会对自己不利。

为主的人若不了解下属的难，随意支使下属，会显得十分苛刻。这种苛刻，很容易导致为主的人失去下属的支持和拥护。

附从的人如果过分地逢迎上司，很容易把上司捧得昏头昏脑，误以为真的可以对下属予取予求。让上司产生这种误解后，倒霉的其实是下属自己。

把所有的钱都放在自己的口袋里，不仅十分危险，还有可能惹来杀身之祸，倒不如分一些放在别人的口袋里，更加安全。因此，施舍的时候，可以抱着分散风险的想法，不要舍不得。

受益时，可以想"人家相信我、心疼我，才选中我为受益对象"，带着这种想法，心存感激地接受帮助，更有利于积极地投入奋斗。

有理、无理是变动的，现在看起来有道理，说不定时过境迁，很快会变得毫无道理。因此，有理时不可太过自信，不妨和气一些，为自己留下宽广的退路，对自己更有利。

犯错后，就算找到理由搪塞一时，也终有纸包不住火的一天，不如坦然认错，请求大家的谅解。人非圣贤，孰能无过？卸下沉重的心理包袱，努力时会更加轻松。

读过以上理由，大家是不是觉得选择正确的策略更让人安心？让所有的人性弱点都成为优点，不管是短期来看还是长期来看，都是利大于弊的。

人类最大的优点在于能够根据目标选择策略

道理大多是相对的,这样说没错,那样说也没错。君子、小人,各有各的说辞,各有各的生存之道。

为了求生存,人类不得不编造出很多道理,以求为自己的行为辩护、为自己的言论增加依据。

不管有多少道理,其实目的是一样的,即自圆其说。只要不前后矛盾,就能够很快地被大众接受。

在中国社会,是非十分难明,以致真伪十分难以区分。几乎所有事情都是真假掺杂的,是是非非,永远弄不清楚。为什么会这样呢?因为中国人相当复杂,总认为是中有非、非中有是,真中有伪、伪中有真。

判断是非、真伪,在中国是艺术的。科学的判断以分析为主，使用分析的、实证的方法对事物进行理智的了解，目的在于寻求真理；艺术的判断以直觉为主，通过自己的感受、价值判断对事物进行感性的了解，目的在于欣赏和创造。

第四章及本章分别介绍的错误策略和正确策略并不是绝对的，有时候，选择错误的策略，反而会修成善果、得到善报。例如，一个人年轻时非常喜欢显聪明，会抓住各种机会展示自己的能力，且恰好遇到了欣赏锋芒毕露的年轻人的贵人，贵人不但出钱资助他进修，还为他提供了很多有利于他表现自我的机会。在这种情况下，若这个人很争气，不断地学习，飞速地充实自己，步步扎实地取得了令人羡慕的成就，对这个人来说，"年轻时显聪明"的策略就不见得不好。

与之相对，也有人选择了正确的策略，结果却并不理想。例如，一个人在势强时大力地、无私地帮助了他人，不料被帮助的人得势后反而要争夺他的权势，令他十分痛心。

既然错误策略和正确策略并不是绝对的，我们为什么要用两章的篇幅将其区分得那么清楚呢？原因如下。

第一，道理一向难讲，说不定这样是正确的，也说不定那样是正确的。在这种情况下，我们讲的话都是站在很难讲的立场上讲的，换句话说，我们说的话都是不得不如此说的话。因为虽然难讲，但还是要讲，所以才勉强地进行了区分。

第二，本末、轻重很重要，以此为标准，我们很容易发现，所谓"正确策略"，是比较合乎根本要求的策略，实施起来会显得比较圆通、合理、中庸；所谓"错误策略"，是偏于末端的策略，实施起来会显得有些短视、逐利、轻浮。

第三，天下事，有常必有变，即虽有规矩，但也常常出现例外，我们必须持经达变，才不致乱了根本。因此，虽然选择正确策略也有可能出现并不理想的结果，但是比例不大，是可以接受的。我们判断策略的正误，参考的是这种平均数。

其实，在判断策略的正误之前，最重要的是明确自己的人生目标。

同样是求生存，人生目标不同，采取的态度是不同的。动物求生存的方式差不多，因为动物大多凭本能活动，没有什么目标可言。猪和狗求生存的方式也许不完全相同，但是这只猪和那只猪求生存的方式、这条狗和那条狗求生存的方式的个体差异相当小。有些宠物狗的主人认为自己养的狗是特别的，和其他狗大不相同，这只是一种十分主观的感觉。

人和其他动物最大的不同在于不仅有自己的人生目标，而且会通过选择策略，努力实现自己的人生目标。因为人的想法是千差万别的，所以这个人和那个人求生存的方式的个体差异很大。

有些人的人生目标十分简单，即自己的生存高于一切。针对这一人生目标，不同人的主张可以继续区分——部分人主张既不求人，又不助人，只为自己而活，不顾他人的观感；部分人主张可以适时求人，但坚决不助人，有利于自己时要我行我素，不利于自己时要积极求助，甚至可以不择手段。由此可见，同一人生目标的实现途径是不同的，同样的策略，实施起来也有不同的花样。

先确定人生目标，再比较相反的策略，更容易明确它们之间的差异和可能产生的不同的后果，进而判断哪种后果更有利于自己。

有趣的是，很多人开始时会觉得两两对应的策略是对立的，慢慢地则会发现它们之间有相辅相成的关系，在特定的条件下是互补的，甚至可以合二为一，形成一种动态的策略。

例如，"有钱时想他人，无钱时想自己"和"有钱时想自己，无钱时想他人"这两个策略，看起来是对立的，实际上却可以合二为一，形成一种毫无矛盾的动态策略。具体而言，我们可以尝试以"有钱时想他人，无钱时想自己"为上限，以"有钱时想自己，无钱时想他人"为下限，圈定一个范围，在范围内针对不同的人选择不同的策略，如图 5-1 所示。

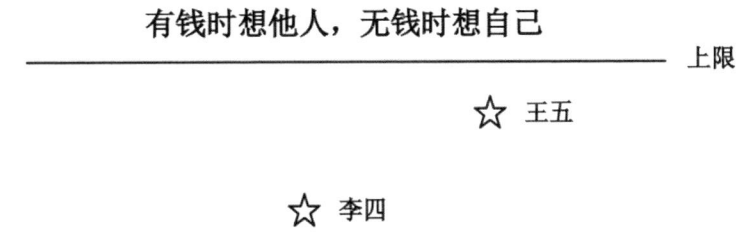

图 5-1 策略范围内的个别对策

在图 5-1 所示的范围内，我们可以逐一分析面对不同的朋友，自己应该选择怎样的策略。

比如，面对张三，我们应该选择"有钱时想自己，无钱时想他人"的策略，因为张三一贯喜欢在有钱时独自享乐，在口袋空空时缠着朋友——一定要借到一些钱才肯离去。

面对张三这样的人，当然应该选择"有钱时想自己，无钱时想他人"的策略，否则，一方面不仅自己吃亏，还会被他看作傻瓜；另一方面会宠坏他，让他在朋友的纵容之下越来越自私、自利。

再如，面对王五，我们应该选择"有钱时想他人，无钱时想自己"的策略，因为王五是一位正人君子，一向克己待人、安分守己。

面对王五这样的人，当然应该选择"有钱时想他人，无钱时想自己"的策略，因为有钱时想着他、尽力帮他的忙，他会念着你的好，彼此间的友谊会更加牢固；无钱时宁可向别人求助也不要向他求助，因为只要他有办法，一定会主动帮忙，根本用不着你开口。

如此对待君子才能心安。

又如，面对李四，我们应该具体情况具体分析，有时选择"有钱时想自己，无钱时想他人"的策略，有时则选择"有钱时想他人，无钱时想自己"的策略，因为李四对待身边人的态度就是忽冷忽热的，我们只是使用与他对待身边人的态度一样的态度对待他而已。

这是很多人处事的原则：A 对我好，我应该对 A 更好；B 对我不好，我凭什么要对 B 好？

敬人者人恒敬之，就是如此。

这样看来，划分"错误策略"和"正确策略"不过是为了说明起来方便一些。生活中，将看似对立的策略分设为待人处事的上下限，在上下限圈定的范围内灵活调整自己的态度，因人、因地、因时、因事地与他人沟通、交往，是最合理的。

那么，什么时候需要区分策略的正误，什么时候不需要区分呢？

我建议刚接触相关策略的人在区分策略的正误方面多花点心思，明辨正确的策略和错误的策略，并认真思考为什么 A 策略是正确的，B 策略是错误的。这一方面能够加强对策略的认知，另一方面能够提高选择的正确率。真正明确应该如何选择策略后，再针对不同的对象选择不同的策略，才能得心应手，达到恰如其分的合理程度。

如果对某人的了解不深，我建议先将对方当作好人看，不要预设对方是坏人。不过，防人之心不可无，相处时需要小心谨慎，以防上当。

如何与他人相处？具体来说，建议分别以"防人之心不可无"和"害人之心不可有"为上下限，如图 5-2 所示。

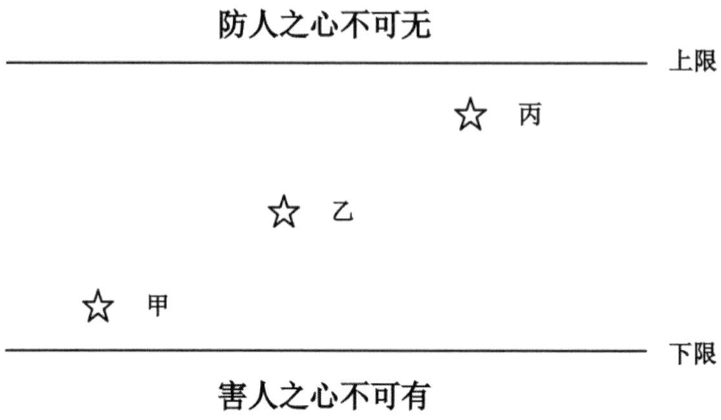

```
———————————————————————————— 上限
            防人之心不可无

                    ☆  丙

                ☆  乙

          ☆  甲
———————————————————————————— 下限
            害人之心不可有
```

图 5-2 与人相处的弹性范围

若事情不大，就算真的吃亏、上当，也不致遭受太大的伤害，可以选择"害人之心不可有"的策略，像对待图 5-2 中的甲一样对待对方，以免防卫过当，失去友谊。

若事情重大，万一吃亏、上当，很可能无法承受，可以选择"防人之心不可无"的策略，像对待图 5-2 中的丙一样对待对方。这样做是无可厚非的，谁让对方不考虑我们的利益，用干系重大的事情为难我们？

若事情不大不小，后果是我们能够承受的，可以继续分析该事情是否值得我们冒险，并根据实际情况选择合理的策略。

面对任何事情，都建议既不要完全拒绝，又不要立即给予无转圜余地的积极回应。如图 5-3 所示，在甲至戊中找一个合适的回应方式，最切合中庸之道。

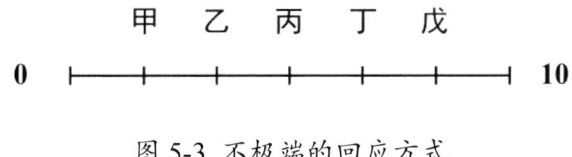

图 5-3 不极端的回应方式

自甲至戊,有很多选择。不以 0(完全不理会)来回应,也不以 10(给予 100% 的保证)来回应,既安全,又合理。

第六章 暴露弱点,还是隐藏弱点

很多人误以为人性的弱点是缺点，害怕自己暴露弱点后会被人利用、伤害，于是，想尽办法隐藏自己的人性弱点，疲惫不堪。

隐藏自己的人性弱点确实有很多好处，但是，如果将其隐藏到连自己都忽视的程度，或者使他人完全看不到、摸不着、猜不透，因而放弃因应、互动的念头，是弊大于利的。

站在隐藏的立场上暴露，将自己的人性弱点暴露得恰到好处是最佳选择——既可以激励自己，又能够给他人合理因应、适当互动的机会。

人性的弱点，同样是人性的需求，具有层次性：求生存是第一层，自私是第二层，求快乐是第三层。

"小华，你要好好用功，将来做大事，让咱们一家人都高兴！你很聪明，只要用功就能成功，明白吗？"父母苦口婆心地教育小华。

"明白！"小华毫不犹豫地回答。他知道，这样回答，最容易结束父母的"唠叨"。

父母用"将来做大事"来隐藏自己（让小华）贪利、贪名的人性弱点，用"咱们一家人都高兴"来粉饰"你要为我们争取荣誉"的要求，用"你很聪明"对小华喜欢被赞赏（贪名）的人性弱点加以利用，不可谓不高明。

不管小华是不是真的明白父母的用意，以简短的"明白"

二字为回答是非常聪明的：满足父母的期待，针对父母所暴露的人性弱点进行有效回应。

由此可见，适当地暴露弱点给他人提供互动的着力点是很有必要的。

如果换一个情境，如下。

"小华，你要好好用功……"父母苦口婆心地准备教育小华。

没想到，刚说半句话，小华就已经跑掉了。

"别跑，别跑！大人说话呢，你这小孩怎么这样没有礼貌！"父母只好一边喊，一边追，心里一定很生气：小孩子完全不明白父母的心意，想好好地说一些道理怎么就这么困难！

人与人的互动过程，实际上是针对彼此的人性弱点进行相互作用的过程。这一方有什么企图？另一方如何因应？说"互相利用"不太好听，说"彼此互助"更加合理。

想想看，面对如下的交流情景，你会有什么感觉？

"你在想什么？"甲问。

"什么都没想。"乙说。

"你想要什么？"甲问。

"没有想要的。"乙说。

如乙一般完全不暴露自己的人性弱点,简直让人无从互动。

为什么过分理性的人会让大家敬而远之?原因就在于此。

隐藏弱点有大智慧

人性的弱点并不等于人性的缺点,只要处理得当,人性的弱点可以成为人性的优点。

因为人性的弱点很容易被利用、被攻击,所以很多人希望能将自己的人性弱点隐藏起来,使他人无从下手,不知应该如何攻击。这种隐藏人性弱点的念头其实是求生存的策略之一,目的是防人保己。

在"防人之心不可无"这一观念的影响下,我们自然会处处提防,努力掩饰、隐藏自己的人性弱点——

明明是怕死,偏要说"留得青山在,不怕没柴烧",安慰自己忍得下今天的委屈,明天才有机会东山再起。

因为怕被他人看出自己贪生,就说"为了完成更重大的任务，必须忍辱偷生"，其实活着比死了还要痛苦。

只顾自己的时候说"人应该学会独立，不应该依赖他人"，尽全力将自私的行为粉饰成顾全大局的行为。

……

在求生存之外，自私、求快乐方面，需要掩饰的东西也很多。

贪利的背后，多少有些辛酸。午夜醒来，经常良心不安、辗转反侧。贪得一些利益，代价是失去了珍贵的从容。但是，这些情况，有谁愿意实话实说？大概率是如人饮水，冷暖自知。

贪名更加可怜。有些人哪怕住不安稳、食不知味，也要煞有介事地搞投资、追求成名。成名后，需要面对的麻烦也不少，比如生怕被绑架，或者遭人诽谤、破坏名誉。媒体不断报道因名得利、功成名就的新闻，在鼓动更多人贪名方面起了很大的作用。

其实，真正懂享受的人不多。很多人能赚得巨款却不知应如何使用，只是一味地继续投资，忙碌于所谓的事业，甚至一直忙碌到进医院急救才肯休息。虽然如此，大部分当事人是不会后悔的，有时还会美其名曰"牺牲享受，享受牺牲"。相对于这些人，少数真正懂享受的人倾向于毫不声张，一方面是因为不希望有更多的人来分享，另一方面是因为精神层面的享受是因人而异的，比物质层面的享受更难以说明，且不易获得共鸣。

贪利、贪名的结果，大多是获得更多的财富。足够的财富，有利于满足物质方面的享受需求，却很可能带来很多精神方面的烦恼，比如，富人为求长久的富足，需要夜以继日地工作，牺牲与家人共处的悠闲时光。

大众只看得到富人的财富排名、风光生活，很难觉察隐藏在那些财富背后的苦楚，就算能略知一二，没有相关经历的人也会大言不惭地说："如果我也能住大厦、坐豪车、锦衣玉食，就算精神上有些压力也心甘情愿、毫无怨言。"这是无解的。

对于做事的动机、过程和结果，倾向于隐藏的人远比愿意坦露的人多，因为经验告诉我们，善于隐藏的人更容易获得实际利益。换句话说，隐藏对自己比较有利。因此，在隐藏弱点方面，人们各出奇招、乐此不疲。

很多人不喜欢他人对自己有所隐藏，却理直气壮地认为自己不必绝对坦诚地面对他人，这也是求生存的表现之一。

因为隐藏弱点对自己有利，却容易引起他人的反感，所以很多人索性把"隐藏弱点"这个行为也隐藏起来。很多人有"坦白告诉你"这样的口头禅，其实深层含义是"除了隐藏的一小部分事实，全都告诉你"。先强调"我不会骗你"，再开始欺骗，以此掩饰自己的谎言，非常有趣。大家留心观察一下或许可以发现，口口声声地说"钱财乃身外之物"的人很可能最重视钱财。

合理示弱有大好处

除了隐藏弱点,合理示弱也很有讲究。

凡是公开化、普遍化、大众化的快乐,都很容易因不够刺激而让人觉得乏味。比如,大家都会打棒球,打棒球这项运动就不够刺激、不够有吸引力了,很多人会转而去打高尔夫球——一般人打不起,才显得打得起的人够体面。再如,在打高尔夫球日趋常见的当下,很多人开始尝试潜水,觉得潜入深海才够刺激。

在规定不能照相的地方偷偷照了一张相、得到进入不对外开放的场所或者入场费高昂的场合的机会等,通常是令人快乐的。因自己有别人没有的机会/体验而快乐,是通过追求刺激获得快乐的表现。

与追求刺激相比，争夺有更强的隐蔽性。比如，没有哪个国家会公开表示自己要侵略其他国家，几乎所有战争都是为贸易／正义／自由而战；没有哪个人会在发家致富后明确承认自己依靠的是祖先的资产，几乎所有企业家都标榜自己是白手起家。

公开争夺的快乐，基本只存在于考试、选举、竞技等有规则的比赛中。比如，十年寒窗苦读后考中状元，会理所当然地获得苦尽甘来的快乐。

争夺更进一步，便成为征占。征占也具有隐蔽性，暗中发生的征占被曝光后受到的关注远多于公开、透明的征占，比如，高价购买珍品的新闻的价值远不如偷窃集团计取宝藏的新闻的价值大。

在追求刺激、争夺、征占的过程中，合理示弱有利于降低自己的攻击性，让行为更加隐蔽，当然大有好处。

根据具体情况，决定具体做法

如今，绝大部分公司实行工资保密制，规定员工必须通过签署文件保证不向同事透露自己的工资金额。

面对这一制度，员工们的常见反应有如下3种。

第一种，员工签署文件后认真遵守规定，不但不会将自己的工资金额告诉同事，而且绝不打听同事的工资金额，认为这样才是诚实、正直的做法。

第二种，员工签署文件后，想来想去，觉得自己上当了——不知道同事的工资金额，怎么判断公司的工资制度是否合理呢？正所谓"有比较才有判断标准，有判断标准才能够正确地判断"，这规定不合理，不能遵守！于是常私下打听同事的工资金额，但与此同时，拒绝在公开场合透露自己的工资金额。

第三种，员工拒绝签署相关文件，理由是签不签都一样，领这么少的工资，自己都不好意思告诉别人。

哪种反应比较合理？我们尊重不同的价值观，接下来只是从人性的弱点入手加以分析。

有第一种反应的员工不是自视甚高，就是警觉性较低。

自视甚高的员工大多认为拿什么样的工资是每个人自己的事情，比来比去没意思：自己认为合理，便留下来；自己认为不合理，随时可以跳槽离开。在这样的员工心中，上司怎么想是上司的事，和我没关系，我自己是否愿意接受这种待遇是最重要的。

警觉性较低的员工大多觉察不到签署相关文件对自己有什么不利，经常糊里糊涂地签下名字，事后也不再思索，将相关问题抛在脑后。

当人们不局限于求生存，已逐步深入自私的层面后，能拿到多少工资已经和怕死、贪生没有太大的关系了。大家计较的内容变成了贪利（是不是每年都会涨薪？有没有分红可拿？能不能赚取工资外的收入？）、贪名（待遇是否优厚？公司是否名誉佳？所从事职业的社会地位如何？），以及贪图享受（工作是否自由？个人理想能否实现？假期多不多？）。在这种情况下，求生存这一人性的弱点会被大多数人隐藏为自己潜在的欲望——平时并不在乎，或者说基本觉察不到它的存在，直到有一天，生存受到威胁，比如所赚的工资无法满足自己的基本生活需求，才后悔自己自视太高或太过大意。

在生活安定、衣食无忧的时期，有第一种反应的员工相对较多。

有第二种反应的员工往往警觉性较高，而且坚信"你可以攻击我的弱点，我也可以反击"。

上司用要求员工签署文件的方法约束员工，员工用阳奉阴违的态度处理类似的事，这是很多人的拿手好戏。

我们不赞成阳奉阴违，但同时不反对特殊情况下的阳奉阴违，这是处事的一大艺术。具体而言，在正常情况下，即上司提出的要求很合理时，员工当然不应该阳奉阴违；但是在上司提出了明显不合理的要求时，员工用阳奉阴违的态度来应对、处理，是努力将伤害降到最低的方法之一，无可厚非。

有第三种反应的员工呢？有骨气、够坦白，说的话是委婉、客气的，但是，揭穿上司的阴谋对自己有什么好处？成为上司的眼中钉后，还会有好日子过吗？

通过以上分析，我们可以总结出如下3个要点。

第一，可以努力隐藏自己的人性弱点，但是千万不要隐藏到连自己都忘记自己有这些人性弱点的程度。

无论是求生存的怕死、贪生、只顾自己，自私的贪利、贪名、贪图享受，还是求快乐的刺激、争夺、征占，对自己都有好处，否则不会普遍地存在于所有人身上。

有的人，生活稳定了，就忘记了求生存的必要性，不怕死、不贪生，也不顾自己，比如不用心照顾自己的身体、不重视对自己的权益的保护，甚至面对和自己有关的事情时也表现得漠不关心，这便是过分隐藏自己的人性弱点的表现。与之相反，有的人，过分地怕死、贪生、只顾自己，以致为了赚钱，忙碌到毫无生活情趣可言，同样是和自己过不去。

对很多人来说，最大的本领其实是"整自己"。

整别人时，对方可以逃、可以不理会，也可以反击，不一定整得到。整自己则相当容易，因为不仅逃不掉，还不可能不理会或反击。整自己的第一步，就是过分隐藏自己的人性弱点，不怕死、不贪生、不顾自己，也不自私、不求快乐。

第二，人性的弱点与人性的需求有相似之处，都是具有层次性的。

求生存是第一层、自私是第二层、求快乐是第三层。

在求生存阶段，人们很少有自私的念头和求快乐的欲望，但生存不成问题后，自私的念头、求快乐的欲望会很快地出现。如果自私的念头和求快乐的欲望与求生存的需求同时存在、受到同样的重视，是不容易危及生命或者丧失生活情趣的，但如果自私、求快乐到忘记求生存的程度，可能会因追求刺激、努力争夺、参与征占而丧命。

第三，对于人性的弱点，必须重视，最好有适当的暴露。

过分地隐藏自己的人性弱点不好,完全地暴露自己的人性弱点也不好(很容易被利用、被伤害),因此,对于人性的弱点,应该适当地暴露,以求进行有效的互动、获得互惠的效果。

换句话说,对于人性的弱点,应该站在隐藏的立场上暴露,而非站在暴露的立场上隐藏。两者的差异在于前者可能暴露得恰到好处,后者则很容易过度暴露,成为被攻击的目标。

人与人的人性弱点是相近的

人与人之间的互动，可以说是都在因应人性的弱点。

以教育为例。

教师勤教严管，是基于自己求生存的需要。若教师不这样做，恐怕领导和学生家长都会有怨言，必然对自己的生存构成巨大的威胁。学生接受教师的管教，不管是主动的还是被动的，同样是为了求生存：为了当下能取得优异的成绩、未来能有良好的发展。

一旦提倡以学生为本，推崇学生本位，教师的任务就从教学变成了维持秩序，因为此时极端重视教学，自己的生存很可能会出现问题。在这种情况下，教师最重要的工作变成了用心维持班级秩序，让学生能每天安全上学、安全回家。学生呢？

在这种情况下，学习成绩的重要性会后移，在学校拥有快乐时光更重要。美国若干公立学校受这种风气的影响，教师不教书、学生不识字的情况越来越严重，令人忧心忡忡。

面对众人之事，必须妥善管理，大家才能生存得和谐、快乐。管理众人之事，称为政治，同样是在因应人性的弱点。

古今中外，各政府的政策看起来千变万化，相当复杂，然而分析、归纳起来，用"一紧一松"4个字就能概括。松了就紧，紧了便松，要针对人性的弱点选择不同的策略。紧到什么程度要松，松到什么地步要紧，这会因人、因事、因时、因地而不同。

为政者想要稳定地领导大众，必须设法满足大众求生存、自私、求快乐的需求。制定、实施政策的过程，其实是为政者和大众互相运用／利用彼此的人性弱点的过程。

对教师来说，应该始终坚定地履行自己勤教严管的职责，不管专家、学者提出什么建议，媒体如何鼓吹新奇观念，教学方法可以优化，根本精神不能动摇。如此清醒、坚定地选择自己的因应策略，便不致因求生存而被误导，陷入害己害人的泥潭。鼓吹学生本位的人，应该明白"任何事情都有一定的道理，但过分发展必然导向错误的结果"，不要过分强调相关理论，以免因自己求生存而危害他人。

为政者松紧有度地调整、优化政策，若是为公，对大众有利，会受到大众的欢迎、拥护，因而长久生存；若是假公济私，则会受到大众的反对，必然无法长久为政。为政者和大众必须一起找到求生存的合理的平衡点，否则不是为政者无法生存，就是大众无法生存，很可能因爆发激烈的冲突而两败俱伤。

人与人的人性弱点是相近的，互相运用 / 利用人性弱点的行为是建立人际关系的基础。

利用人性的弱点要适度

俗话说:"吃一堑,长一智。"这并不代表人想长一智,必须吃一堑(吃一次亏)。

善于吸取他人的经验教训,更可能事半功倍。

古往今来,在相互运用/利用人性弱点的攻防战中,人类已经积累了数千年的经验。现将相关经验归纳如下,供大家参考,希望大家可以少走一些弯路、少吃一点亏。

第一,明确自己的人性弱点的严重程度,梳理自己的忧虑重点、喜好重点。

例如，某甲自我检讨后，针对自己的求生存、自私、求快乐的人性弱点，梳理出了如图6-1至图6-3所示的忧虑重点、喜好重点。

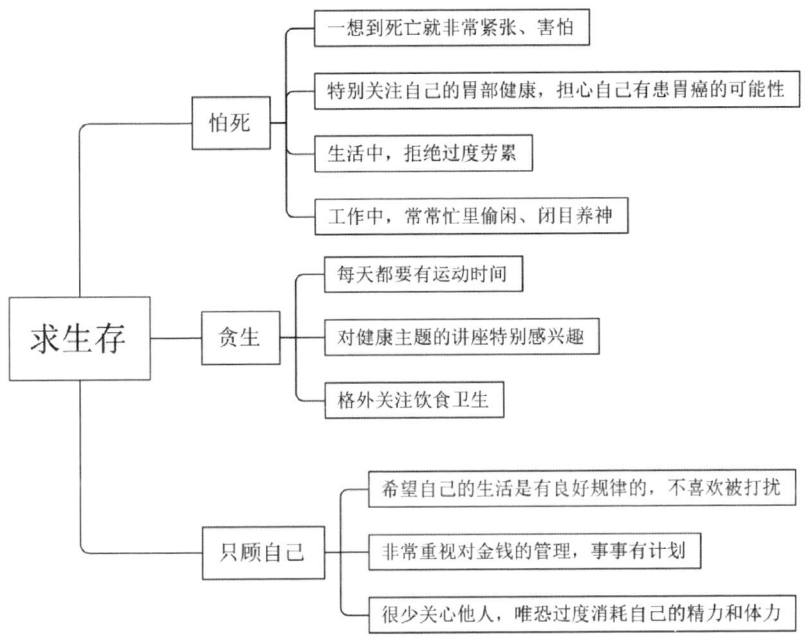

图 6-1 某甲在求生存方面的忧虑/喜好重点

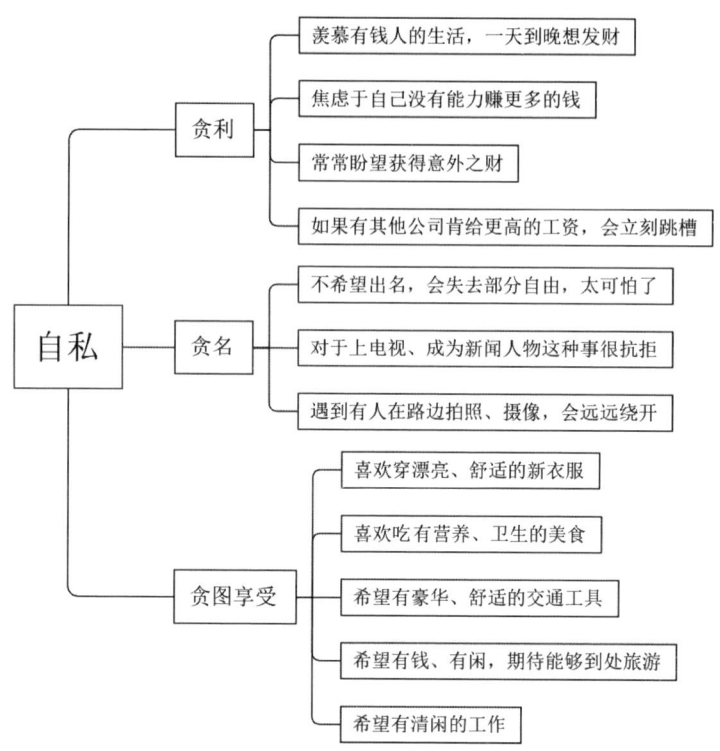

图 6-2 某甲在自私方面的忧虑 / 喜好重点

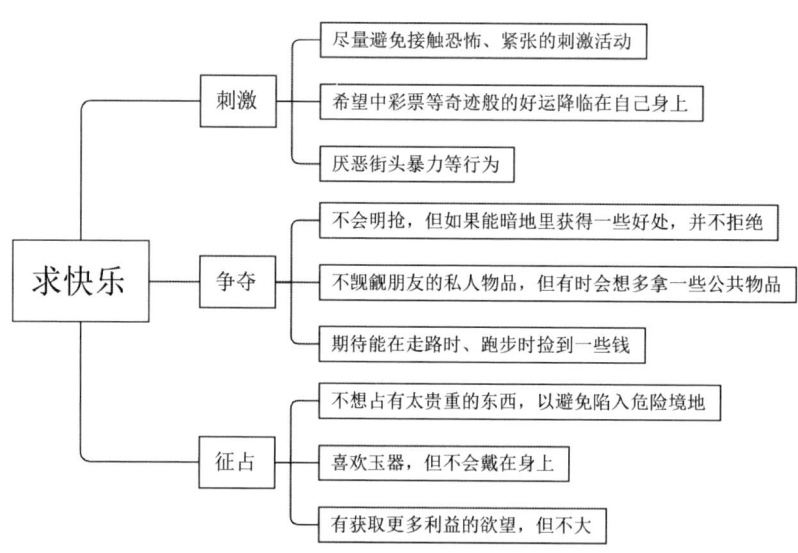

图 6-3 某甲在求快乐方面的忧虑 / 喜好重点

如图 6-1 至图 6-3 所示，在金钱和健康方面，某甲的人性弱点表现得最为突出。明确了这一点后，合理地加以调整，某甲就不容易吃亏、上当。

第二，揣摩身边人的人性弱点，列表梳理。

因为绝大部分人有隐藏自己的人性弱点的意识，所以想揣摩透身边人的人性弱点并不容易。这种能力不是三五年能练成的，必须持之以恒地磨炼。

第三，慎重选择应对策略，以免误入歧途，因过分利用他人的人性弱点而自毁信誉。

运用他人的人性弱点，要合理、适度；防止自己的人性弱点被利用，同样要合理、适度。适度地运用他人的人性弱点并谨防自己的人性弱点被无节制地利用，才能够获得和谐、良好的人际关系。

防人过甚，一点儿人性弱点都不肯让他人运用，或者存心害人，无节制地利用他人的人性弱点，都会引起他人的恐惧、反感，对自己非常不利。

运用他人的人性弱点，要懂得适可而止；面对他人对我们的人性弱点的利用，要适度配合，这才是正确、合理的策略。

了解人性的弱点，掌握自己的命运

● **需要警惕的二元价值论**

单纯地把人性的弱点看成优点或缺点是二元价值论的观点，均不恰当。

如今，很多人极其看重有形的、看得见的、具体的事物，对应的是严重忽视无形的、看不见的、非具体的事物，导致热衷于追求物质享受、忽视精神提升。追求刺激以关注感官状态为重，不善调用心灵来体会、领悟，辅以媒体商业化的现状，人们的享受呈现低级化趋势。

在社交过程中，互相运用/利用人性的弱点是难以避免的，只要保持合理的程度就无可厚非。建议大家不仅要学会合理运用他人的人性弱点，还要平静地接受他人对我们的人性弱点的合理运用。

在人类求生存的欲望能否得到满足受到极大挑战的时候，人类眼中只有两种东西：一种是好东西：能够帮助人类满足求生存的欲望，让人类能够持续存活、繁衍；另一种是坏东西：会阻碍人类求生存的欲望的满足，让人类难以存活，甚至需要直面绝种的危险。

这一点很好理解，聚焦到个人身上，即在一个人快要饿死的时候，能吃的东西就是好东西，不能吃的东西便是坏东西，除此之外，没有任何东西值得他关注、思考。

在社会发展程度不高的时期，人类的生活很单纯、简单，会对所有事物进行非黑即白的划分：能吃的、不能吃的；使我们痛苦的、带给我们快乐的；善的、恶的；好的、坏的。在讨论人性的弱点时，明确地将目标行为划分为（行为）优点、（行为）缺点，是受了这种非黑即白的划分传统的影响。

其实，世间的所有事物都是不好不坏、不善不恶、不贵不贱的，评价的立场是影响评价结果的关键。

如今，用二元价值论评价人性是我们应该努力规避的，因为人性无所谓好坏、善恶、贵贱，选择正确的策略，人性的弱点会成为优点；选择错误的策略，人性的弱点会成为缺点。

● **人性的弱点与生存环境**

人生在世，最基本的需求是生存，因此，求生存成为人类最基本的人性弱点。

为了求生存，人类必须动脑筋、用智慧，有时，怕死、贪生的行为是为了能够生存下去的不二选择。

由于环境不断变迁、竞争越来越激烈，群体的怕死、贪生倾向逐渐在个人身上得以体现，越来越多的人以资源、能力有限为借口，不但有怕死、贪生的表现，而且慢慢地严重到只顾自己、自私的程度。

在生存环境得以改善的情况下，生死问题不再严峻、不再是亟待解决的问题，于是，贪利、贪名成为绝大多数人的主要欲望。

在生死关头，没有人会贪利、贪名，甚至人们会为自己曾经因贪利、贪名而损害身体健康感到后悔。但是，只要还有一口气在，大多数人是做不到完全不在乎名利的。

贪利、贪名会让人们暂时忘记怕死、贪生。虽然说人死留名，才不枉来世间一趟，但是留的是什么样的名也很重要。人生的不朽，有立德、立功、立言之分，三者中，立德是前提。可惜如今很多人只重视立功、立言，不重视立德，导致立功、立言时常出现违反道德、不合伦理的情况，只是达到了满足个人享受的欲望的目的。

贪图享受的人很多，若目标远大、手段正确、举止正派，并无不妥。以孔子的自得其乐为例，不失为人生的难得的享受之一。

只可惜，很多人过分看重有形的、看得见的、具体的事物,严重忽视无形的、看不见的、非具体的事物,讲究吃山珍海味、穿绫罗绸缎、住高档别墅、乘豪华座驾,以致为了享受所得的名、利,加速自己的死亡、牺牲自己的性命,算不清得失之账。

大富大贵、有钱有势是有形的享受,有德有守、与人无争则是无形的享受,后者实在不应该被忽视。

因为大多数人更看重有形的享受,所以常见的求快乐是向外求。

棋牌室的老板针对人类追求感官刺激的弱点,打造豪华的场所、添加新颖的设备、玩转促销的手段,吸引大批顾客,甚至导致部分顾客为了求取一时的快乐,埋下遗恨终生的恶因。

刺激以感官为主要对象,而感官持续受到刺激,很容易慢慢习惯,以致同样程度的刺激在一段时间后就没有效果了。必须不断提高刺激的强度并变换花样,才能持续获得良好的刺激效果。

比如,原本篮球场上的投篮得分就足够让观众觉得刺激,时间久了,观众就习以为常了——投篮得分算什么?灌篮得分才过瘾!

为了追求更强烈的感官刺激,争夺行为出现了。在优胜劣汰的环境中，不争夺/竞争，很难证明自己是优胜者。

争夺行为，有合理的，也有过分的，及时进行自我省察是必须的——明确自己的人性弱点所在及其严重程度，才能够正确地、及时地约束自己，不受他人的摆布。

所谓"将命运掌握在自己手中"，说的就是了解了自己的人性弱点后，合理地选择正确的策略，掌握自己的命运。

● **正确面对人性的弱点**

老子指出，排斥死亡是不可能的，自杀、求死更加不好，在人的生命中，生、死的因素原本平分秋色，但是很多人为了求生，误入死路，使得死的因素凭空增加了数成，实属弄巧成拙。因此，人不应该过分地怕死、贪生，以免为人所利用，提高死亡的风险。

最理想的心态，是老子提出的"万物将自化"。人是万物之一，也有"自化"的能力，对生死持自然顺应的态度，比较合理。

总之，人想活得逍遥自在，必须承认人性的弱点是不好不坏的。让人性的弱点自然地、适度地、合理地展现，自己自然而然地因应，做到动静相宜，就不用一天到晚地打人性的弱点方面的攻防战了。